KB217694

기독교를 알아야
인생의 답이 보인다 2

당신은 사도신경의 고백을 정·말·로 믿는가?

기독교를 알아야 인생의 답이 보인다 2

지은이 | 라원기
펴낸이 | 원성삼
표지 · 본문 디자인 | 한미나
표지 · 본문 일러스트 | 크레마인드
펴낸곳 | 예영커뮤니케이션
초판 1쇄 발행 | 2023년 05월 31일
등록일 | 1992년 3월 1일 제2-1349호
주소 | 03128 서울시 종로구 대학로3길 29, 313호 (연지동, 한국교회100주년기념관)
전화 | (02) 766-8931
팩스 | (02) 766-8934
이메일 | jeyoung@chol.com
ISBN 979-11-89887-66-7 (03230)

본 저작물은 저작권법에 의하여 한국 내에서 보호를 받는 저작물이므로
무단 전재와 무단 복제를 금합니다.

값 15,000원

■ 본문에 사용한 일부 예화의 경우,
   출처를 찾아 보았으나 미처 확인이 안 된 것이 있을 수 있습니다.
   이에 대해서는 미리 양해를 구합니다.

모든 인간은 하나님의 형상을 닮은 존귀한 존재입니다. 사람은 인종, 민족, 피
부색, 문화, 언어에 관계없이 모두 다 존귀합니다. 예영커뮤니케이션은 이러한
정신에 근거해 모든 인간이 존귀한 삶을 사는 데 필요한 지식과 문화를 예수 그리스도의
사랑으로 보급함으로써 우리가 속한 사회에 기여하고자 합니다.

기독교를 알아야
인생의 **답**이 보인다 2

당신은 사도신경의 고백을 정·말·로 믿는가?

라원기 지음

예영

CONTENT

이 시대에
진리는 아주 희미하고,
거짓은 아주 확고하여
진리를 사랑하지 않는 한
진리를 알 수 없다.

– 블레즈 파스칼 –

사도신경

전능하사 천지를 만드신 하나님 아버지를 내가 믿사오며,
그 외아들 우리 주 예수 그리스도를 믿사오니,
이는 성령으로 잉태하사 동정녀 마리아에게 나시고
'본디오 빌라도'에게 고난을 받으사 십자가에 못박혀 죽으시고
장사한 지 사흘 만에 죽은 자 가운데서 다시 살아 나시며,
하늘에 오르사, 전능하신 하나님 우편에 앉아 계시다가,
저리로서 산 자와 죽은 자를 심판하러 오시리라.
성령을 믿사오며,
거룩한 공회와, 성도가 서로 교통하는 것과,
죄를 사하여 주시는 것과,
몸이 다시 사는 것과, 영원히 사는 것을 믿사옵나이다.
아멘.

추천사

라원기 목사님은 참 목사요 뛰어난 작가요 위대한 전도자이십니다. 널리 알려진 분은 아니지만 숨겨진 보석 같다고나 할까요? 목사님이 쓰신 『기독교를 알아야 인생의 답이 보인다 2』는 아무리 멀어도 찾아가고야 마는 '맛집' 같은 책입니다. 기독교의 기본진리를 사도신경을 사용해서, 이렇게 쉽게 풀어낼 수 있는 분은 교계에 거의 없습니다. 라 목사님의 탁월함과 성실함에 찬사와 감사를 보내드리며, 이 책을 성경공부 교재나 전도용으로 강력히 추천합니다.

　　　　- 김형민 목사(빛의자녀교회 담임 & 횃불트리니티 신학대학원 이사)

기독교는 '믿음'의 종교입니다. 믿음의 종교에서 가장 중요한 것은 '믿음의 대상'을 정확히 아는 것입니다. 그 이유는 알지 못한 채 믿으면 그 믿음은 맹목적 추동이며, 어설프게 알고 믿으면 그 믿음은 초보적 믿음이고, 잘못 알고 믿으면 그 믿음은 거짓 믿음이기 때문입니다.

오랜 기간 기독교 진리 변증에 힘써 온 라원기 목사님의 『기독교를 알아야 인생의 답이 보인다 2』는 정확한 문체와 유려한 논조로 바르고 참된 신자가 과연 '무엇을 믿어야 할지'에 대해 효과적으로 제시해주는 수작입니다. 특히 사도신경의 골격으로 글의 논조를 전반적으로 구성했기 때문에 모든 신자가 책의 내용에 보다 더 쉽게 접근할 수 있는 특장점을 지니고 있습니다. 단순히 전통적 교리 체계의 재반복이 아니라 핵심 교리에 대한 정확한 설명과 더불어 풍성한 예화와 적실한 인용문이 적재적소에 배치되어 있어 읽는 재미를 한층 더하고 있습니다.

이 세상은 점점 더 악해지고 있으며, 이토록 더 악해지고 있는 세상 속에서 아등바등 살아가고 있는 그리스도인들의 인생 역시 점점 녹록지 않습니다. 심지어 그리스도인조차도 답 없는 인생을 살아가는 것처럼 보입니다. 하지만 이제는 상심할 필요가 없습니다. 그 이유는 이 책을 통해 '기독교 진리 탑재'와 그 진리의 '실천'에 대한 뚜렷한 답이 우리에게 주어졌기 때문입니다. 이제 우리에게 남은 것은 알고 고백하는 바대로 '살아내는 것'입니다. 이를 위해 이 책이 귀한 마중물이 될 줄 믿어 의심치 않습니다.

- 박재은 교수(총신대학교 신학과, 교목실장 및 섬김리더교육원장)

세계 최초로 사도신경을 변증으로 풀어낸 책입니다. 사도신경이라는 주제를 다루고 있기에 딱딱한 책이라고 생각하면 큰 오산입니다. 변증 전문가인 저자는, 사도신경 한 구절 한 구절의 의미를 쉽고 논리적으로 제시합니다. 책을 여는 순간, 주일날 습관적으로 외우던 사도신경이 놀라운 은혜의 고백으로 변할 것입니다.

- 박세현 기자(CTS기독교TV)

최대한 많은 이들에게 예수 그리스도를 알기 쉽게 전하기 원하는 저자의 열정 덕분에 우리는 이렇게 좋은 책을 또 만났습니다. 삶으로 직접 전도하고 계신 분이 오랜 기도로 한 줄 한 줄 써 내려간 이 글들은 복음의 확신과 전도의 열망을 불러일으킵니다. 핵심적인 성경 구절과 적확한 예화, 감동적인 개인적 체험이 어우러진 이 책을 읽으며 우리 모두 주님의 뒤를 따라 사람 낚는 어부가 될 수 있기를 소망합니다.

- 이인성 국장(극동방송)

들어가는 말

저는 어릴 때 믿음이 없는 가정에서 자랐습니다. 그러다가 대학교 2학년 때 기독교 신앙을 가지게 되었습니다. 이 과정에서 저는 기독교가 진리인가 하는 문제에 대하여 깊이 고민을 하였습니다.

기독교가 진리라고 한다면 그것은 저의 인생에 답을 주는 것이기 때문에 저의 모든 것을 바쳐도 아깝지 않다고 생각했습니다. 하지만 기독교가 진리가 아니라고 한다면 저는 단순히 마음의 위안을 얻기 위해 종교를 가지고 싶지는 않았습니다.

그래서 이 부분에 대하여 깊은 고민을 하였고 여기에 대한 답을 찾기 위해 많은 노력을 하였습니다. 그 결과 저는 기독교가 진리라는 사실을 분명하게 확신하게 되었고 결국 목사까지 되었습니다. 그후 한동대학교에서 기독교에 대하여 가르치면서 학생들에게 기독교를 이해하기 쉽게 변증할 필요성을 느끼게 되었습니다.

그렇게 하여서 탄생한 책이 『기독교를 알아야 인생의 답이 보인다』라는 책입니다. 이 책이 2008년에 출간되었는데 지금까지 분에 넘치는 사랑을 받고 있습니다. 많은 분이 이 책을 통해 기독교가 진리임을 알게되었다고 말씀해 주셔서 책을 저술한 저로서는 큰 보람과 기쁨을 느끼게 되었습니다.

하나님께서 저에게 주신 소명이 기독교를 알기 쉽게 전하는 것이라고 생각하기에 그 이후에도 다양한 방법으로 기독교의 진리성을 설명하는 책을 집필해 왔습니다. 특별히 『다시 보는 십자가』와 『천국과 지옥 제대로 알기』 등은 기독교에 대해 더 알아 가기 원하는 분들에게 많은 도움이 되리라고 확신합니다.

『기독교를 알아야 인생의 답이 보인다』가 나온 지 올해가 15년째입니다. 이 시점에서 저는 기독교의 중요한 교리들을 다시 한번 좀 더 깊게 정리해 주는 책의 필요성을 느끼게 되었습니다. 그래서 오랜 시간 구상하고 연구하여서 마침내 『기독교를 알아야 인생의 답이 보인다 2』를 내놓게 되었습니다.

이 책의 형식은 사도신경의 신앙고백의 순서를 따랐습니다. 사도신경은 우리가 믿는 바를 고백하는 내용이므로 이 순서를 따라 믿음에 관한 내용을 10가지로 정리해 보았습니다. 형식은 그렇게 하였지만, 내용은 그전 책과 마찬가지로 풍성한 예화와 인용문을 수록하여 독자분들이 재미있게 기독교 신앙의 핵심을 이해할 수 있도록 만들었습니다.

이 자리를 빌려 감사할 분들이 많습니다. 가장 먼저는 15년 전 초보 작가였던 저를 믿고 선뜻 책을 내주셔서 저로 하여금 작가의 길을 걷게

도와주신 예영커뮤니케이션의 故 김승태 장로님에 대해 진심으로 감사의 마음을 전하고 싶습니다. 또한 현재 대표로 계신 원성삼 권사님의 끊임없는 지지와 격려에도 감사드립니다. 그리고 처음과 마찬가지로 두 번째 책에서도 표지 디자인과 삽화로 섬겨주신 크레마인드의 김태호 대표님께도 깊은 감사의 마음을 전하고 싶습니다.

또한, 바쁘신 가운데서도 추천의 글을 써주신 빛의자녀교회 김형민 목사님과 총신대학교 박재은 교수님, 그리고 CTS의 박세현 기자님과 극동방송의 이인성 국장님에게도 깊은 감사의 말씀을 드립니다. 그리고 무엇보다 주님 안에서 한 가족된 우리 별처럼빛나는교회 성도님들의 격려와 사랑이 없었다면 이 책이 나올 수 없었음을 말씀드리고 싶습니다.

지난 15년 동안 저의 책들을 사랑해 주신 독자님들은 저의 가장 소중한 동역자입니다. 여러분의 관심 덕분에 부족한 종이 하나님이 허락하신 저술의 사명을 계속 감당할 수 있었습니다. 이 책을 통해 한 영혼이라도 더 주님께 돌아올 수 있다면 제가 한 모든 수고가 헛되지 않을 줄로 믿습니다. 이를 위해 이 책을 먼저 보신 독자님께서 주위의 다른 분들에게 책을 소개해 주시면 감사하겠습니다. 마지막으로 이 책의 모든 내용은 제가 사랑하는 하나님을 높이기 위함임을 고백하며, 모든 영광을 하나님께 올려 드립니다.

2023년 5월
라원기 드림

01

당신은 | 하나님을 믿는가?

당신은 하나님을 믿는가?

"전능하사 천지를 만드신 하나님 아버지를 내가 믿사오며"

I. 하나님의 존재에 대한 증거

천지를 만드신 하나님이 존재하신다는 사실을 믿는 믿음은 기독교 신앙의 기초가 됩니다. 성경은 하나님의 존재에 대하여 증명하거나 설득하려고 하지 않습니다. 그냥 하나님께서 이 세상을 만드셨다고 선포합니다.

"태초에 하나님이 천지를 창조하시니라"(창 1:1).

이 사실을 받아들이는 데는 믿음이 필요하지만 그렇다고 이 믿음이 맹목적인 믿음은 아닙니다. 왜냐하면 하나님이 이 세상을 만들었다고 하는 증거들이 많이 있기 때문입니다. 기독교는 덮어 놓고 믿는 종교가 아니라 믿어야 할 충분한 이유가 있기 때문에 믿는 종교입니다.

이 세상이 만들어진 것에 대하여는 두 가지 이론이 있습니다. 하나는 진화론이고 하나는 창조론입니다. 진화론은 아무 이유 없이 이 세상의 모든 것이 우연히 만들어졌다고 하는 것이고, 창조론은 하나님이 목적을 가지고 이 세상을 만들었다고 하는 것입니다.

진화론을 받아들이는 데 있어서 가장 큰 걸림돌은 어떻게 아무것도 없는 상태에서 이 모든 생명체가 나올 수 있는가 하는 것입니다. 생명은 그 자체가 신비입니다. 그리고 무생물에서는 절대로 생명체가 나올 수가 없습니다. 생명은 오직 생명에서 나올 뿐입니다.

이 세상 과학자들은 이 사실을 인정하기 싫어서 '빅뱅'이라고 하는 우주적인 큰 폭발을 통하여 이 세상이 만들어졌다고 이야기합니다. 그러나 폭발은 아무 질서도 만들지 못합니다. 생각해 보십시오. 누군가가 여러분의 집에 수류탄을 던져서 폭발이 일어났다고 한다면 유리 조각들이

폭발은 질서를 만들지 못한다.

질서 정연하게 흩어질까요? 그럴 리가 없습니다. 폭발로 인해 온 집안이
엉망이 되어버릴 것입니다.

　그런데 빅뱅으로 만들어졌다고 하는 이 우주의 천체들은 너무나 질
서 정연하게 움직이고 있습니다. 그러므로 이는 우주가 정말 빅뱅의 형
식으로 만들어졌다면 어떤 절대적인 힘을 가진 존재가 그 폭발에 관여
했다고 보지 않고는 설명이 불가능합니다. 그래서 그렉 쿠클(Gregory
Koukl)은 다음과 같이 말했습니다.

> "대폭발(big bang)이 있으려면 대폭발을 일으키는 존재(big banger)가 있
> 어야 한다."[1]

이 세상의 모든 사물은 원인이 있어야 결과가 나타납니다. 그러므로

우리는 이 세상의 모든 것이 우연히 만들어진 것이 아니고 전지전능하신 창조주 하나님이 만드셨다는 사실을 인정하지 않을 수가 없습니다. 그렇지 않고는 이 정교하고 복잡한 우주가 어떻게 만들어졌는가에 대한 설명이 도저히 불가능하기 때문입니다.

여러분은 '미세 조정의 법칙'이라고 하는 말을 들어보셨습니까? 이것은 물리학자들이 하는 말로, 이 세상에 생명체가 탄생할 수 있으려면 여기에 대하여 요구되는 물리학의 법칙은 면도날의 칼끝에서 균형을 잡을 정도의 정확성이 필요하다는 것입니다. 이는 마치 컴퓨터가 정밀하게 세팅되어 있어야 제대로 작동되는 것과 마찬가지입니다.

그런데 이 우주는 컴퓨터와는 비교가 되지 않을 정도로 너무나 정밀하게 만들어져 있습니다. 우주에 존재하는 네 가지 힘이 있습니다. 중력, 강력, 약력, 전자기력 등이 바로 그것입니다. 여기서 강력은 핵력이라고도 하는데 원자력이 바로 이 핵력에서 나옵니다. 그런데 이 강력이 1%만 달라져도 우주는 현 상태로 유지될 수가 없습니다. 또 중력 상수가 현재의 수치에서 아주 미세하게 차이가 난다면 대폭발 이후 만물은 뿔뿔이 날아가 현재와 같은 우주가 전혀 탄생하지 못했을 것입니다. 가령 중력 상수가 현재의 10억 분의 1만큼이라도 강해진다면, 만물은 순식간에 한 군데로 모일 것입니다. 그렇게 되면 대폭발이 일어난 후에 우리 인간이 나타나기도 전에 우주는 대수축이 일어나 인간이 존재할 수가 없습니다.[2]

이러한 것들을 포함하여 자연을 구성하는 15개의 물리 상수들이 있는데 이 값이 미세하게 변화되기만 해도 온 우주는 더 이상 작동하지 못합니다. 이 정밀성이 얼마나 대단한지 천문학자이며 천체물리학자인 휴 로스는 지구의 구성 물질 중에 가장 작은 물질인 전자가 1조분의 1조분

의 1조분의 1조분의 1만큼 더해지거나 줄어든다면 지구의 생명체가 존재할 수 없다고 이야기합니다.[3]

그러니 우리가 살고 있는 이 세상이 얼마나 미세하게 조정되어 있는지는 상상할 수가 없는 것입니다. 이런 정밀한 설계는 설계자를 필요로 합니다. 그것도 지성과 지적 능력이 우리의 상상을 뛰어넘을 정도로 뛰어난 설계자를 필요로 합니다. 그래서 하나님을 안 믿는 세속 물리학자들이 과학의 발전 앞에서 지금 당황하고 있는 것입니다. 성경은 다음과 같이 말합니다.

"집마다 지은 이가 있으니 만물을 지으신 이는 하나님이시라"(히 3:4).

성경은 하나님께서 이 세상을 만드셨다고 분명하게 선언합니다. 집한 채도 그냥 벽돌이 쌓여서 만들어질 수 없고 설계도면을 따라 만들어지는데 이 정교한 세상이 그냥 우연히 만들어질 수 있겠습니까?

몇 년 전에 미국에서 2천만 원 정도에 산 한 무명 화가의 그림이 2천억 원 가까이에 팔리게 되어 화제가 된 적이 있습니다. 그 이유는 이 그림의 작가가 레오나르도 다빈치로 밝혀졌기 때문입니다. 여기에 대한 결정적인 증거는 그림에 손때 묻은 것 같은 흔적이 하나 있었는데 나중에 다빈치의 지문으로 판명되었기 때문입니다. 그래서 이 소식이 전해진 후 어느 미술관의 전시 작품들 밑에 이런 재치 있는 글이 나붙었다고 합니다. "레오나르도 다빈치 외에는 작품에 손대지 마시오."

이 세상 우주 만물에는 하나님의 지문이 너무나 많이 묻어 있습니다. 그러므로 이를 조금만 생각해 본다면 하나님을 절대로 부인할 수가 없습니다. 그래서 성경은 다음과 같이 말합니다.

지문의 가치

"창세로부터 그의 보이지 아니하는 것들 곧 그의 영원하신 능력과 신성이 그가 만드신 만물에 분명히 보여 알려졌나니 그러므로 그들이 핑계하지 못할지니라"(롬 1:20).

일찍이 아인슈타인은 다음과 같이 말했습니다. "우주에 관해서 이해할 수 없는 오직 한 가지 사실은 우주가 이해될 수 있다는 것이다."

만약 이 우주가 합리적인 구조로 되어 있지 않다면 우리 인간이 지성을 사용해서 우주를 이해하는 것은 불가능했을 것입니다. 그러므로 우주에 이토록 놀라운 질서와 조화가 존재한다는 사실 자체가 이 우주가 우연히 생겨난 것이 아니라 어떤 지적인 설계자가 만든 것이라는 사실을 증명합니다. 고분자 물리학 교수인 에드거 앤드류스(Edgar Andrews)는 다음과 같이 말했습니다.

> "물리적 우주의 구조가 근본적으로 수학적이라는 사실은 정말 이상하다. 수학은 전적으로 인간 정신의 구성물이기 때문이다."[4]

많은 사람이 과학과 기독교 신앙이 충돌한다고 생각하지만, 기독교 신앙은 이 우주를 만드신 하나님을 분명히 선포합니다. 또한, 그 하나님이 최고의 지성을 가진 지혜로운 분이심을 이야기합니다. 이 우주가 질서정연하게 돌아가는 이유도 바로 여기에 있습니다. 그리고 그러한 질서가 존재하지 않았다면 오늘날의 과학 발전도 불가능했을 것입니다.

그런데 여기서 중요한 질문이 하나 나올 수 있습니다. 이 세상의 모

하나님을 만든 하나님?

든 것을 하나님이 만들었다면 그 『하나님은 누가 만들었는가?』라는 것입니다.

유명한 철학자 버트란트 러셀은 『나는 왜 기독교인이 아닌가』라는 책에서 젊었을 때 이 문제에 대해 고민하다가 하나님을 믿지 않게 되었다고 말한 적이 있습니다.[5]

그러나 그가 몰랐던 사실이 있습니다. 그것이 무엇이냐 하면 하나님은 '원인과 결과'의 사슬 안에 있는 분이 아니라는 사실입니다. 어떤 것이 있으려면 거기에 따른 원인이 반드시 있어야 한다는 것은 3차원적인 물리적인 법칙 안에서만 통하는 이야기입니다. 그러나 하나님은 인간의 차원을 벗어난 초월적인 존재입니다. 그러므로 하나님은 이 세상의 물리적인 법칙의 지배를 받지 않습니다.

그러므로 "이 세상을 하나님이 만들었다면 그 하나님은 누가 만들었느냐?"는 질문은 그 자체가 잘못된 것입니다. 이것은 창조주 하나님도 이 세상의 창조물과 같은 존재 중의 하나일 것이라고 하는 전제에서 나온 질문일 뿐입니다. 창조물이 어떠하다고 그 창조물을 만든 창조자도 같은 수준의 존재일 필요는 없습니다. 어떤 사람이 둥근 유리 쟁반을 만들었다고 해서 그 사람이 둥글거나 유리일 필요는 없는 것과 마찬가지입니다. 노먼 가이슬러와 프랭크 튜렉이 공저한 『진리의 기독교』라는 책에 보면 다음과 같은 말이 나옵니다.

"왜 신에게는 원인이 있어야 할 필요가 없는가? 그 이유는 무신론자들이 논박하는 취지가 인과율을 오해하고 있기 때문이다. 인과율은 결코 모든 것이 원인을 필요로 한다고 말하지 않는다. 인과율의 내용은 존재하게 되는 모든 것에 원인이 필요하다는 것이다. 하지만 신은 존재하게 된 이가 아니다. 어느 누구도 신을 만들지 않았다. 신은 만들어지지 않았다. 신은 영원한 존재로 그에게는 시작이 없으며 따라서 원인도 필요치 않다."[6]

우주는 어느 한 시점부터 존재하기 시작했습니다. 그러므로 우주는 원인이 있습니다. 그러나 하나님은 어느 한 시점부터 존재하기 시작한 분이 아닙니다. 그냥 하나님은 원래부터 존재해 계시던 분이십니다. 성경은 다음과 같이 말합니다.

"산이 생기기 전, 땅과 세계도 주께서 조성하시기 전 곧 영원부터 영원까지 주는 하나님이시니이다"(시 90:2).

성경은 하나님께서 이 세상 만물이나 시간이 창조되기 전부터 영원의 세계에서부터 존재했던 분이라는 사실을 분명하게 밝히고 있습니다. 그러므로 하나님은 우주를 초월해서 존재하는 분이시며 물질적 존재가 아니기 때문에 자신의 존재의 원인을 가질 필요가 없습니다. 그러므로 신에 대하여서는 다음과 같은 정의가 가장 자연스럽습니다. "창조되지 않은 만물의 창조자."

여기서 신은 창조되지 않은 존재이기 때문에 누가 신을 만들었는가 하는 질문은 무의미합니다. "창조되지 않은 자를 누가 창조했는가?"라는 질문은 그 자체가 말이 안 되기 때문입니다.[7] 만약 누군가가 하나님을 만들었다면 하나님은 더 이상 창조주가 아니고 피조물일 것입니다. 그래서 모세가 하나님을 만났을 때 하나님의 이름을 물어보자 하나님은 다음과 같이 대답했습니다.

"나는 스스로 있는 자이니라"(출 3:14).

하나님은 스스로 있는 분이십니다. 이 세상에 하나님 외에 스스로 있는 존재가 어디에 있습니까? 저와 여러분은 낳아준 분이 있었기에 지금 이렇게 존재하고 있는 것입니다. 그러나 하나님만은 유일하게 스스로 존재하시는 분이십니다. 그래서 하나님이신 것입니다.

II. 전능하신 하나님

사도신경은 이 하나님이 '전능하신' 하나님이라고 이야기합니다. 이 놀라운 우주를 만드신 하나님은 전능하신 분일 수밖에 없습니다. 거기에 대한 근거로 다음의 세 가지가 있습니다.

첫째는 하나님께서는 모든 만물을 무에서 만들었습니다.
무에서 이 모든 것을 만들어내었기 때문에 하나님은 전능하신 분이십니다. 토마스 아퀴나스는 하나님께서 정해진 질료가 없이 무에서 만물을 만드실 수 있는 이유가 그분이 바로 만물의 보편적인 원인이기 때문에 그렇다고 이야기합니다. 그래서 형상뿐만 아니라 질료도 창조하실 수가 있다는 것입니다.[8]

둘째는 이 모든 만물을 말씀으로 지으셨습니다.
말씀만으로 이 모든 것을 만들었다고 하니 하나님은 얼마나 대단한 분입니까? 성경은 다음과 같이 이야기합니다.

"여호와의 말씀으로 하늘이 지음이 되었으며 그 만상을 그의 입 기운으로 이루었도다"(시 33:6).

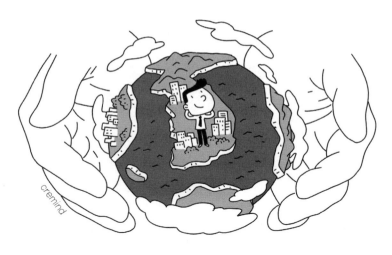

만물을 유지하시는 하나님

"그가 말씀하시매 이루어졌으며 명령하시매 견고히 섰도다"(시 33:9).

셋째는 지금도 만물을 유지하고 다스리고 계십니다.

만물을 창조하는 것도 대단한 능력이지만 이 모든 만물을 유지하고 다스리는 것도 대단한 능력입니다. 성경은 지금도 하나님께서 당신의 아들 예수 그리스도를 통하여 말씀으로 만물을 붙들고 계신다고 이야기합니다.

"이는 하나님의 영광의 광채시요 그 본체의 형상이시라 그의 능력의 말씀으로 만물을 붙드시며 죄를 정결하게 하는 일을 하시고 높은 곳에 계신 지극히 크신 이의 우편에 앉으셨느니라"(히 1:3).

이 우주를 잠시만 살펴 보아도 하나님이 얼마나 전능하신 분이신지 알 수 있습니다. 이 우주의 크기가 얼마나 클까요? 상상을 초월합니다. 우주는 기본적으로 별로 구성되어 있으며, 태양도 그런 별 중 하나입니다. 그런데 태양이 얼마나 큰지 태양 속에는 지구와 같은 크기의 행성이 100만 개가 들어갈 수 있습니다. 그런데 우리가 사는 은하에는 이러한 태양과 같은 항성이 약 1,000억 개나 있습니다. 그러니 이 은하 자체가 얼마나 큽니까? 그런데 이 우주에는 이렇게 큰 은하가 또 약 1,000억 개가 있습니다.[9]

이렇게 볼 때 이런 엄청난 크기의 우주를 만드신 하나님은 얼마나 대단한 분이겠습니까? 이런 것을 생각할 때 우리는 하나님의 위대하심에 압도되지 않을 수가 없는 것입니다.

III. 전능하신 아버지 하나님

사도신경은 이러한 전능하신 하나님을 '아버지'로 믿는다고 고백합니다. 이러한 능력을 갖춘 하나님이 바로 나의 아버지가 되고 나의 인생을 책임져 주신다면 그 인생이 얼마나 든든하고 소망이 넘치겠습니까? 제임스 패커(James Innel Packer)는 하나님이 전능하시고 우리를 다스리신다는 말의 의미가 다음과 같은 것이라고 설명했습니다.

"하나님이 창조, 섭리, 은혜를 통틀어 전능하시다는 진리는 우리가 하나님 안에서 누리는 믿음, 평화, 기쁨의 근원이자 응답받는 기도, 현세에서의 보호, 최후의 구원처럼 우리의 모든 소망이 되는 방패막이다. 이 세상을 지배하는 것은 운명도, 운세도, 우연도 아니다. 인간의 어리석음이나 사탄의 악의도 아니다. 세상을 다스리는 것은 도덕적으로 완전한 하나님이시다. 그분을 대신하거나 그분의 뜻과 사랑을 방해할 수 있는 존재는 없다."[10]

전능하신 하나님이 나의 아버지라는 사실은 하나님이 나의 상황을 주관하고 계신다는 것을 의미합니다. 내 삶에 일어나는 모든 일은 하나님의 섭리와 뜻 안에서 이루어지는 것이기에 전능하신 하나님 아버지 안에서 나는 절대적으로 안전하다는 사실을 확신할 수 있습니다. 만약 내가 오랜 시간 진화의 결과로 여기 존재한다면 나의 인생은 어떤 의미도 가질 수 없습니다. 그러나 전능하신 하나님이 계시고 그분이 나의 아버지가 되신다면 나의 인생에는 그분의 분명한 목적과 계획이 있음을 알 수 있습니다.

그러므로 나의 삶에는 올바른 선택의 기준이 필요합니다. 오늘날은 도덕적, 영적 기준이 모호한 시대입니다. 사람들은 삶의 절대적인 기준이 없이 자신이 편한 대로 살아갑니다. 그러나 이 세상을 만드신 하나님이 계시고 그분이 삶의 규칙을 가르쳐 주는 성경 말씀을 주셨다는 사실은 우리에게는 분명한 삶의 기준이 있다는 사실을 말해줍니다.

오늘날 과학의 발달로 인해 현대인들은 신에 관하여 관심이 없을 것으로 보이지만 오히려 신의 존재에 대하여 과거보다 더 많은 관심을 보입니다. 한 보고서에 따르면 인터넷에서 하나님이나 신들에 관한 홈페이지 숫자가 4만 2천 개를 넘는다고 합니다.[11]

이것은 성에 대한 관심 다음으로 많은 숫자로서, 이 사실은 사람들이 신의 존재에 대해 알고 싶어하고 갈망한다는 것을 보여줍니다.

하나님이 없다면 인간은 다음과 같은 인생의 중요한 질문에 대한 답을 찾을 수가 없습니다. "나는 어디에서 왔는가?" "나는 어디로 가고 있

는가?" "나는 무엇을 하며 살아야 하는가?" 하나님을 아는 사람은 이 중요한 인생의 질문에 대한 답을 얻게 됩니다. 그러니 그 인생은 참으로 복된 인생이 됩니다.

하나님이 나의 창조주라는 사실은 하나님이 나의 기쁨을 위해 존재하는 분이 아니라는 사실을 말해줍니다. 내가 하나님의 기쁨이 되기 위해 존재하는 것입니다. 그러므로 내 인생의 최고 목적은 하나님께 영광을 돌리는 것이 되어야 합니다. 천지를 창조하신 하나님이 있다는 사실을 믿는 사람은 마땅히 이러한 삶의 태도를 가지게 됩니다.

"그리스도인이 된다는 것은 모든 염려를 믿고 맡길 분이 생긴다는 뜻이다."
- 헨리 블랙커비

멘델레예프의 예언

하나님이 이 세상을 창조하였다는 결정적인 증거는 세상의 모든 것들이 너무나 정밀하게 만들어져 있다는 것입니다. 그중 한 가지 예를 들어보겠습니다. 이 세상의 모든 것들은 다양한 원소들로 이루어져 있습니다. 이 원소들을 성질과 특성에 따라 일렬로 배치한 것이 소위 말하는 '원소 주기율표'입니다.

이것을 처음으로 만들어낸 사람이 바로 러시아의 화학자 '드미트리 멘델레예프'입니다. 물론 이전에도 원소를 질량 순으로 나열하는 등 다양한 방법으로 규칙성을 찾아 나열하려는 시도는 있었습니다. 하지만 이것을 제대로 된 표로 정리한 사람은 멘델레예프가 최초입니다.

당시에는 물질이 원소로 이루어져 있으며, 원소는 모두 62가지가 있다고 알려져 있었습니다.[12] 멘델레예프는 원소를 원자량 순서로 배열했을 때 비슷한 성질을 지니는 원소들이 일정한 주기를 두고 나타나는 현상을 발견하고 주기율표를 창안했습니다. 1869년 러시아 화학학회에서 멘델레예프는 주기율표에 관한 자신의 논문을

발표하면서 당시 발견된 원소들을 수직으로는 원자량이 증가하는 순서로, 수평으로는 유사한 성질을 가진 원소들의 순서로 배열하였습니다. 특별히 그의 주기율표가 당시 과학자들의 연구와 달랐던 것은 주기율을 따라 원소를 배치하되, 원소의 화학적 성질에만 충실하여서 비슷한 성질을 가진 마땅한 원소가 없으면 그 자리를 빈칸으로 비워 놓았다는 것입니다.[13]

하지만 이것을 보고 사람들은 비웃었습니다. 몇몇 원소들의 배열이 당시 알려져 있던 것과 달랐으며, 확실치 않은 부분들은 아무렇게나 빈자리를 만들어 비겁하게 문제를 해결하려고 한다고 생각했기 때문입니다.[14] 그러나 멘델레예프는 주기적인 성질을 고려했을 때 앞으로 빈칸에 해당되는 원소가 분명히 발견될 것이라고 하며 그 원소의 물리적, 화학적 성질까지 예측하였습니다.

그런데 놀라운 일이 일어났습니다. 시간이 지나면서 맨들레예프가 예측한 원소들이 점차 발견되기 시작한 것입니다. 1875년 프랑스의 화학자 폴 에밀 르코크 드 부아보드랑이 갈륨을 발견했습니다. 그런데 갈륨의 성질을 조사해 보니 멘델레예프가 빈칸에 예측한 원소와 성질이 상당히 잘 들어 맞았습니다. 예를 들어 원자량을 68로 예측했는데 실제로는 69.7이 나왔고, 밀도를 5.9로 예상했는데 실제로는 5.91이 나왔습니다.[15]

그 후 1886년 독일의 화학자 클레멘스 빙클러도 저마늄을 발견했는데, 그것도 멘델레예프가 예언한 것과 거의 딱 들어맞는 성질과 원자량을 갖고 있었습니다. 이처럼 그의 예측이 점차 맞아 떨어지면서 그가 만든 원소 주기율표는 세계적으로 인정을 받게 되었습니다.

이렇듯 이 세상에 규칙이 없이 흩어져 있을 것 같은 원소들이 일련의 규칙을 따라 질서 정연하게 배열될 수 있다는 것은 무엇을 의미합니까? 그것은 이 세상이 무작위로 우연히 만들어진 것이 아니라 창조주의 손길을 따라 놀랍도록 정밀하게 만들어졌다는 증거가 됩니다.

당신은 예수 그리스도를 믿는가?

cremind

당신은 예수 그리스도를 믿는가?

"그 외아들 우리 주 예수 그리스도를 믿사오니"

I. 예수 그리스도의 위대성

기독교 신앙에 있어서 예수 그리스도는 너무나 중요합니다. 예수님을 하나님의 아들로 믿고 나를 위한 구세주로 믿느냐 아니냐에 따라서 내가 기독교인인지 아닌지가 결정되고, 나의 영원한 운명이 결정됩니다. 그래서 사도신경에서는 절반 이상을 예수 그리스도에 관한 내용으로 채우고 있습니다. 사람들 가운데는 예수 그리스도가 실존 인물인가에 대해 의문을 가지는 경우가 있습니다. 예수님이 정말 존재했던 분이라면 거기에 대한 역사적 기록들이 있어야 하지 않겠느냐는 것입니다. 성경의 기록만으로는 믿을 수 없다는 것입니다.

그러나 이런 사람들이 알아야 할 사실은 예수님에 대해서는 성경 외적으로도 많은 역사적 기록들이 있다는 사실입니다.

예수님에 관한 역사적 기록들

　일반 세속 역사가들의 기록 가운데 예수님에 관한 기록들이 무려 45
개나 나오고, 예수 그리스도의 생애, 가르침, 십자가에 못 박힌 사건과
부활 사건에 관한 기록은 모두 합쳐서 129가지 이상이나 나옵니다.[16] 이
정도면 예수님의 실제성에 대해 의심하지 않을 충분한 이유가 됩니다.
그분은 전설이나 신화 같은데 나오는 그런 존재가 아닙니다. 분명히 역
사의 한 시점에 존재했던 분입니다.

II. 하나님의 아들 주 예수 그리스도

　사도신경의 고백을 따라 "그 외아들 우리 주 예수 그리스도를 믿사오
니"라는 말의 의미를 하나씩 살펴보겠습니다.

1. 하나님의 아들

사도신경은 예수님이 '하나님의 아들'이심을 고백합니다. 요한복음 3장 16절도 다음과 같이 말합니다.

"하나님이 세상을 이처럼 사랑하사 독생자를 주셨으니 이는 그를 믿는 자마다 멸망하지 않고 영생을 얻게 하려 하심이라"(요 3:16).

예수님은 하나님의 아들이십니다. 특별히 '독생자'(獨生子)라고 이야기합니다. 그런데 여기서 '독생자'라는 말 때문에 오해가 있을 수 있습니다. '독생자'라는 말을 문자 그대로 이해하면 '홀로 태어난 아들'이라는 뜻입니다. '태어났다'는 표현이 있으므로 예수님이 어느 한 시점에 태어난 분이라는 생각을 할 수가 있습니다. 물론 우리는 크리스마스를 예수님의 생일로 지킵니다. 그러나 그것은 그분이 이 땅에 육신으로 오신 날을 기념하는 것에 불과합니다. 예수님은 탄생한 날이 있는 분이 아닙니다. 예수님은 피조물이 아니시기 때문입니다.

R. C. 스프롤은 고대 유대인들에게 있어서는 '태어난다'는 용어는 생물학적인 기원을 가리키는 말이 아니라 독특한 관계를 묘사하는 말이라고 이야기합니다.[17] 즉 예수님이 하나님의 독생자라는 말은 관계적 차원에서 예수님이 '하나님의 아들'이라는 것이지 하나님 아버지가 있고 하나님 어머니가 있어서 태어난 그런 분이 아니라는 것입니다. 그러므로 예수님이 하나님의 독생자라고 하는 말은 '본질'에 있어서 하나님과 같은 분이라는 뜻입니다. 제임스 패커는 이에 대해 다음과 같이 말합니다.

"예수님이 하나님의 아들이시라는 표현은 한 분이신 하나님이 두 분이 되었다는 것을 의미하는 것이 아니고, 오히려 이 말은 제 1위격의 하나님은 아들에게 항상 아버지이시고, 제 2위격의 하나님은 아버지에게 항상 아들이신 영원한 관계를 의미한다."[18]

사람이 강아지를 아무리 예뻐해도 자식을 낳았는데 강아지가 태어나는 일은 없습니다. 사람에게서는 사람이 나오고 강아지에게서는 강아지가 나옵니다.

예수님이 '하나님의 독생자'라는 말은 성부이신 하나님과 성자이신 예수님이 본질에 있어서 같은 하나님이라는 것을 말하는 것입니다. 그러므로 이것은 예수님의 신성을 강조하는 말입니다. 즉 예수님이 비록 역사의 어느 한 시점에 이 땅에 인간의 몸으로 왔지만, 사실은 영원부터 존재해 왔던 하나님이라는 말입니다. 우리가 믿는 예수님은 이처럼 대단한 분이십니다. 역사상 위대한 선지자나 종교 지도자 중에 감히 자신을 하나님이라고 주장한 사람은 없었습니다. 유명한 변증가인 조쉬 맥도웰(Josh McDowell)은 다음과 같이 이야기합니다.

"부처는 자신을 하나님이라 주장하지 않았고, 모세도 결코 자신이 야훼(자존자:自存者)라고 하지 않았으며, 모하메드도 그 자신이 알라(神)라고 하진 않았고, 조로아스터도 자신이 아후라 마즈다(최고신:最高神)라고 주장하지 않았다. 그러나 나사렛 출신의 목수인 예수는 자신을 본 자는 하나님을 보았다(요 14:9)고 말하고 있다."[19]

성경 여러 곳에서 예수님은 자신의 신성을 주장합니다. 자신이 아브라함이 태어나기 전부터 있었다고 말씀하시고, 하나님만이 하실 수 있는 죄 사함을 선포하십니다. 그 외에도 성경 곳곳에는 예수 그리스도가 하나님이심을 나타내는 내용이 많이 있습니다. 요한복음에는 다음과 같은 말씀이 있습니다.

"본래 하나님을 본 사람이 없으되 아버지 품 속에 있는 독생하신 하나님이 나타내셨느니라"(요 1:18).

이 말씀은 보이지 않는 하나님이 독생자 예수 그리스도를 통해 보이는 하나님으로 나타났다는 뜻입니다. 디도서 말씀도 읽어 보겠습니다.

"복스러운 소망과 우리의 크신 하나님 구주 예수 그리스도의 영광이 나타나심을 기다리게 하셨으니"(딛 2:13).

여기서는 '구주 예수 그리스도'를 '우리의 크신 하나님'으로 표현합니다. 이와 같은 내용 때문에 기독교에서는 '하나님 아버지와 아들 예수님, 그리고 하나님의 영이신 성령님이 한 하나님'이라고 하는 '삼위일체' 교리가 성립되는 것입니다.

예수님이 십자가 위에서 끔찍한 죽임을 당하신 것은 사람들에게 서로 사랑하라고 가르쳤기 때문이 아니라 자신이 하나님이라고 주장했기 때문입니다. 이에 대해 어떤 사람은 예수님이 과대망상증에 걸려 자신을 하나님으로 착각한 것은 아닌가 하고 질문합니다.

그러나 여기에 대해서는 충분한 반론의 여지가 있습니다. 예수님에게는 일반적으로 정신 이상자에게 나타나는 현상이 없었습니다. 그분의 정신은 또렷하고 명료했으며 그분의 말은 논리적이고 일관성이 있었습니다. 그리고 그분은 많은 사람에게 존경과 사랑을 받았습니다. 예수님의 정신 상태에 관해 오랫동안 연구한 심리학자 게리 콜린스(Gary R. Collins)는 예수 그리스도에 대해 다음과 같이 말합니다.

"사랑을 하되 그 사랑 때문에 사역의 방해를 받지 않으셨다. 늘 열광하는 군중에 둘러싸여 살면서도 교만하시지 않았다. 힘든 생활습관에도 불구하고 삶의 균형을 유지하셨다. 자신이 무엇을 하며 어디로 가는지 언제나 정확히 아셨다. 당시에는 중요한 존재로 취급받지 못했던 여자와 아이들까지 포함하여 모든 사람을 깊이 사랑하셨다. 사람들을 받아 주시되 그들의 죄를 그냥 눈감아 주시지는 않았다. 각 사람의 독특한 상황과 필요에 따라 다르게 반응하셨다. 이 모든 정황으로 볼 때 예수님은 그 어떤 정신병도 앓지 않으셨다. … 그분은 나를 포함해서 내가 아는 그 누구보다도 건강하셨다!"[20]

교회사적으로 보면 예수님을 인간보다는 위대하지만, 하나님보다는 조금 못한 분으로 깎아내리려고 하는 시도가 많이 있었습니다. 특별히 아리우스(Arius)라는 사람이 그것을 강력하게 주장하여 예수님이 하나님과 비슷하지만, 하나님과 똑같지는 않다고 하는 '유사본질론'을 주장하였습니다. 그러나 다행히 아타나시우스(Athanasius)라는 주교가 나타나서 예수님이 본질에서 하나님과 동일하다고 하는 '동일본질론'을 강력히 주장하여 이것이 정통 교리로 받아들여지게 되었습니다.

그렇다면 하나님이신 예수님께서 왜 육신을 가진 인간의 몸으로 오셨을까요? 그것은 인간이 되어서 인간의 죄를 대신해서 십자가를 지시기 위해서입니다. 이 얼마나 놀랍고 감사한 일입니까? 전지전능하신 하나님이 인간이 되신다는 것이 과연 무엇을 의미하는 것일까요? 제임스 패커는 이것을 다음과 같이 설명합니다.

"하나님이 인간이 되셨고 신의 아들이 유대인이 되었다. 전능자가 무력한 인간 아기로 지상에 나타나셨다. 할 줄 아는 일이라고는 누워서 말똥말똥 바라보며 꼼지락거리고 소리를 내는 것뿐이었다. 다른 모든 아이처럼 누가 먹여 주고 기저귀를 갈아 주고 말을 가르쳐야 했다. … 하나님의 아들이 실제로 유아가 되셨다. 생각할수록 머리가 아찔해진다. 그 어떤 픽션에도 이 성육신의 진리만큼 기상천외한 요소는 없다."[21]

이 얼마나 놀라운 이야기입니까? 천지를 창조하신 하나님이 한 여인의 손에 자신을 온전히 맡기셨습니다. 자신의 힘으로는 아무것도 할 수 없는 무기력하고 연약한 아기의 몸으로 오셨습니다. 이것은 너무나 신비로운 일입니다.

2. 주님

사도신경에서는 예수님을 '주님'으로 고백합니다. 예수님의 하나님 되심과 사람 되심을 믿는 것만으로는 부족합니다. 예수님을 '나의 주님'(Lord)으로 받아들여야 합니다. 성경은 예수님을 주로 시인해야 구원을 받는다고 이야기합니다.

> "네가 만일 네 입으로 예수를 주로 시인하며 또 하나님께서 그를 죽은 자 가운데서 살리신 것을 네 마음에 믿으면 구원을 받으리라"(롬 10:9).

여기서 예수님을 주님으로 믿는다는 것은 예수님을 '나의 인생의 주인'으로 모신다는 말입니다. 예수님은 하나님이시며 창조주이십니다. 그러므로 그분을 나의 인생의 주인으로 모시는 것은 당연합니다. 초대교회 때 믿음의 선배들은 이 고백을 하기 위해 목숨을 걸었습니다. '주'라는 말은 그리스어로 '퀴리오스'(kurios)인데 당시에는 그리스도인들은 오직 예수님에게만 이 단어를 사용해야 한다고 생각했습니다. 그러나 로마는 황제인 '카이사르가 주'라고 하는 고백을 하기를 요구했습니다. 이에 많은 그리스도인이 이것을 거절하여 순교를 당했습니다. 그들

은 원형 경기장에서 굶주린 사자의 밥으로 던져지기도 했고, 예수님처럼 십자가에 못 박혀 죽기도 했습니다.

그들은 '카이사르가 주'라고 하는 한마디만 하면 살 수 있었지만 예수 그리스도만이 유일한 주님이심을 알았기에 이를 거부하여 죽음에 이른 것입니다.

내가 나의 인생의 주인이 되면 피곤합니다. 왜냐하면 나는 5분 후에 어떤 일이 일어날지도 모르는 존재이기 때문입니다. 인생의 갈림길에서도 어느 길을 선택해야 할지도 알 수 없습니다. 그러므로 예수 그리스도를 인생의 주인으로 모셔야 합니다. 그러면 주님이 나의 인생을 책임져 주실 것입니다.

3. 그리스도

사도신경은 예수님을 '그리스도'로 고백합니다. 예수님이 '그리스도'라는 말은 무슨 뜻입니까? 이를 위해 먼저 '예수'라는 말의 의미부터 생각해 보아야 합니다. '예수'라는 말의 의미는 '구원자'라는 뜻입니다. 이 이름은 천사가 꿈에서 요셉에게 가르쳐 준 이름입니다.

> "아들을 낳으리니 이름을 예수라 하라 이는 그가 자기 백성을 그들의 죄에서 구원할 자이심이라 하니라"(마 1:21).

그러면 '그리스도'란 말의 의미는 무엇입니까? 교회에서 '예수 그리스도'라는 말을 많이 사용하기 때문에 어떤 사람은 '예수'라는 말이 이름이고 '그리스도'라는 말이 성이라고 오해합니다. 그러나 여기서 '그리스도'란 말은 성이 아닙니다. '그리스도'란 말은 직분을 뜻하는 말입니다. '그리스도'라는 말의 정확한 의미는 '기름 부음을 받았다'라는 뜻으로 히브리어로 하면 '메시아'라는 말입니다. 이것을 헬라어로 옮긴 말이 '그리스도'입니다.

당시 유대인들 중에는 '예수'라는 이름을 가진 사람들은 많이 있었습니다. 그러나 '그리스도'라는 호칭을 가진 사람은 없었습니다. 왜냐하면 '그리스도'는 인류를 구원하러 올 메시아 한 사람에게만 붙여지는 호칭이었기 때문입니다. 그러므로 '예수님이 그리스도'라는 말은 예수님이 '유대인들이 기다려온 바로 그 메시아'라는 뜻입니다. 즉 인류를 구원하기 위해 하나님이 기름 부어 세우시기로 약속하신 바로 그 사람이라는 말입니다. 사도신경의 신앙고백은 바로 이 사실을 믿는다는 고백입니다.

구약 성경에 보면 하나님은 특별한 사명을 가진 사람들을 기름을 부어서 세웠습니다. 이러한 부류의 사람으로는 '선지자와 제사장과 왕'이 있었습니다.

기름 부음 받은 사람들

그런데 예수님이 메시아라고 할 때는 이 세 가지 역할을 다하는 분이라는 뜻입니다. 선지자는 하나님의 말씀을 대언하는 역할을 했습니다. 그러나 예수님은 하나님의 말씀을 대언하는 정도가 아니라, 말씀 그 자체이십니다. 말씀이신 그분이 직접 인간의 육체로 오셨습니다. 그러므로 그분은 하나님의 말씀을 전한다는 점에서는 선지자 역할을 한 것이지만 실제로는 선지자보다 더 뛰어난 분이십니다.

구약에서 제사장은 하나님과 인간 사이에서 중보 역할을 담당했습니다. 제사장은 성전에서 죄인을 위해 짐승을 잡아 제물을 바치는 일을 했습니다. 그런데 예수님은 죄 없는 자신의 몸을 영원한 제물로 바쳐 인간의 죄 문제를 단번에 해결하였습니다. 그러므로 예수님은 완전한 제물이자 완전한 제사장이십니다.

그리고 구약에는 왕이 나옵니다. 왕은 하나님의 통치의 대리자로서 하나님을 대신하여 백성을 다스리는 역할을 했습니다. 그런데 예수님이 오심으로 이 땅에 하나님 나라가 임하였습니다. 왕이신 예수님이 이 세상을 통치하고 다스리기 시작하셨기 때문입니다. 그러므로 예수님은 영원한 왕이십니다.

예수가 그리스도라고 고백할 때는 바로 예수님이 이와 같은 분이심을 고백하는 것입니다. 구약의 선지자의 역할과 제사장의 역할 그리고 왕의 역할을 완벽하게 수행하여 인간의 모든 문제를 근본적으로 해결해 주기 위해 하나님께서 기름 부어 세우신 분이라는 뜻입니다.

지금도 유대인들은 예수님은 인정하는데 그분이 그리스도라는 사실은 인정하지 않습니다. 그래서 이 부분에서 유대교와 기독교가 갈라지는 것입니다. 이 세상의 모든 이단도 예수님을 그리스도로 인정하지 않습니다. 그래서 그들이 이단이 된 것입니다. 그렇게 볼 때 예수님을 그리스도로 인정하는 것이 얼마나 중요한지 알 수 있습니다. 탈 데이비스(Tal Davis)는 다음과 같이 말합니다.

"기독교는 도덕적 원칙이나 신비로운 체험 위에 세워지거나 무너지지 않는다. 기독교가 도덕적 원칙이나 신비로운 체험 위에 세워졌다면, 기독교는 세상에 있는 어떤 다른 종교보다 더 좋은 종교일 수 없고 예수 그리스도는 단지 또 다른 위대한 종교 교사나 도덕 교사에 불과할 것이다. 그렇지 않다. 기독교는 전적으로 한 사람 예수 그리스도의 인격과 사역 위에 서거나 무너진다. 예수가 주장했던 것처럼, 그는 사람으로 세상에 오셔서 죄 없는 삶을 사셨고 우리의 죄를 위한 속죄의 죽음을 십자가에서 죽으시고 죽은 자들로부터 부활하신 우주의 주님이시다. 그렇지 않으면 전체 기독교 신앙은 어마어마한 거짓말이다."[22]

아직도 어떤 사람들은 예수님을 우리보다 조금 더 나은 위대한 인간 정도로 생각하는 경우가 있습니다. 그러나 그렇지 않습니다. 예수님은 우리와는 차원이 다른 분입니다. 오스왈드 챔버스(Oswald Chambers)가 이야기했듯이 예수님은 '하나님이 된 사람'이 아니라 '인간의 몸으로 오신 하나님'이시며 '세상 밖에서 세상 안으로 들어오신 분'이고 '가장 낮은 문으로 들어온' '가장 거룩하고 높은 존재'이십니다.[23]

기독교가 세상의 모든 종교와 다른 점은 하나님께 대한 신앙고백을 예수 그리스도를 통해서 한다는 것입니다. 신약 성경이 기록된 목적도 바로 여기에 있고, 예수님이 이 땅에 오신 목적도 바로 여기에 있습니다. 팀 켈러(Timothy Keller) 목사님은 다음과 같이 말합니다.

"만일 예수님이 단지 하나님을 찾는 길을 알려 주기만 하는 예언자가 아니라 실제로 우리를 찾으러 온 하나님이라고 한다면, 기독교는 우월한 종교가 되어야 할 것입니다. … 반면, 만일 예수님이 하신 말씀이 진리가 아니라면, 기독교는 열등한 종교가 될 것입니다. 오히려 신성 모독적인 종교가 되고 예수님은 정신 이상자이거나 사기꾼일 것입니다. 기독교는 다른 종교보다 훨씬 낫거나 훨씬 떨어지는 것이 됩니다. 기독교는 타 종교와 결코 동일하지 않습니다."[24]

예수님은 자신을 하나님과 동등한 존재라고 주장했습니다. 그러므로 만약 그 말이 거짓이라면 예수님은 사이비 종교 지도자가 되고, 기독교는 몹시 나쁜 이단 수준의 하급 종교가 되는 것입니다. 하지만 예수님이 하나님의 아들이라는 것이 사실이면 기독교는 다른 종교와는 차원이 다른 하나님이 인간을 찾아오신 놀라운 종교가 되는 것입니다.

인생의 중요한 만남

인생에는 세 번의 중요한 만남이 있습니다.

첫 번째는 나를 낳아준 부모님과의 만남입니다. 그리고 두 번째는 나와 평생을 함께할 배우자와의 만남입니다. 그리고 마지막 세 번째가 바로 나의 인생의 주인이 되시는 하나님과의 만남입니다. 앞의 두 만남도 중요하지만 가장 중요한 것은 하나님과의 만남입니다. 하나님을 만날 때 나는 비로소 인생의 참된 의미와 목적을 알게 됩니다.

인생의 가장 중요한 세 번째의 만남은 예수 그리스도를 통하여 이루어집니다. 예수님을 나의 구세주로 모시고 받아들일 때 나는 영원한 생명을 얻게 되고, 나의 인생을 통한 하나님의 뜻과 계획을 알게 됩니다. 이것이 하나님이 우리에게 주시는 가장 큰 은혜입니다.

"예수 그리스도가 만물의 목적이요 만물이 지향하는 중심이라는 것을 안 자는 모든 사물의 존재 이유를 깨달은 자다." - 파스칼

예수님의 고통

예수님이 이 땅에 오신 것 자체가 엄청난 희생이요 고통입니다. 우리는 예수님이 십자가를 지신 것만 고통으로 생각하는 경향이 있는데 사실은 그전에 당한 고통이 있었습니다. 그것은 죄로 가득 찬 세상에 둘러싸여 사는 고통입니다. 예수님은 죄가 하나도 없는 분이십니다. 그런데 그분이 와서 33년 동안이나 죄악으로 가득 찬 이 세상에서 산다는 것 자체가 사실은 엄청난 고통이 되는 것입니다.

이는 마치 담배를 전혀 피우지 않는 비흡연자가 담배를 아주 심하게 피우는 흡연자들 사이에 갇혀 있는 것과 비슷합니다. 담배를 피우는 사람들은 비흡연자가 담배 연기를 맡을 때 얼마나 괴롭고 답답한지 잘 모릅니다. 그러나 비흡연자의 입장에서는 담배 연기를 참아내는 것은 무척 고통스럽습니다. 그런데 만약 꽤 오랜 시간 동안 이런 상황을 견디고 참아야 한다면 얼마나 괴롭고 힘이 들겠습니까?

저는 이것을 경험해 본 적이 있습니다. 그때가 1996년이었으니까 아주 오래전의 이야기입니다. 그때는 비행기 안에도 흡연석이 있었습니다. 놀랍게도 비행기 안에 담배를 피울 수 있도록 허용된 좌석이 있었던 것입니다. 그때는 제가 태어나서 비행기를 처음 타 보았을 때입니다. 당시 목사님들을 위한 미국 탐방 프로그램이 있었는데 저도 미국 유학 때문에 학교를 알아보려고 이 프로그램에 신청해서 여러 목사님들과 함께 미국에 가게 되었습니다.

그런데 이 단체에서 돈을 아끼려고 대한항공이 아닌 아주 싼 미국 비행기를 선택해서 표를 끊어 주었는데 가 보니 좌석이 비행기 뒷자리입니다. 그런데 거기가 흡연이 허용되는 좌석이었던 것입니다. 저는 그런 곳이 있는지 상상도 못했습니다. 한국에서 미국으로 가는 긴 시간 동안 앞뒤 좌우로 앉아 있는 사람들이 아주 작심을 한 듯이 줄담배를 피워대는데 정말 죽는 줄 알았습니다.

너무 답답해서 항의하려고 해도 공식적인 흡연석이니 뭐라고 할 수도 없었습니다. 중간 자리에 앉아 있으니 나갈 수도 없었습니다. 한두 시간 여행하는 것도 아니고 10시간이 넘는 장거리 비행이니 정말 죽을 지경이었습니다. 모포를 뒤집어쓰고 담배 연기의 고통을 참아가며 간신히 비행을 마쳤습니다. 물론 요즘은 모든 비행기가 금연 구역으로 지정된 줄 압니다. 그러나 과거에는 이렇게 말도 안 되는 일도 일어났습니다.

예수님이 이 땅에서 당하신 고통이 그와 유사하다고 생각하면 됩니다. 예수님은 열 몇 시간이 아닌 33년간이나 담배 연기보다 더 심한 죄의 냄새를 맡으며 이 땅에서 살아야 했습니다. 티끌만큼도 죄가 없는 완전무결하신 예수님이 죄의 공기를 날마다 마시며 살아야 했고, 나중에는 십자가 위에서 우리를 위해 죄 덩어리가 되어 죽어야 했으니 그 고통이 얼마나 심했겠습니까?

03

당신은 | 기적을 믿는가?

당신은 기적을 믿는가?

"이는 성령으로 잉태하사 동정녀 마리아에게 나시고"

I. 기적의 중요성

사도신경의 고백에서 "이는 성령으로 잉태하사 동정녀 마리아에게
나시고"라는 말씀은 예수님께서 남자 없이 여자의 몸에서 태어났다는
말씀입니다. 이 세상의 모든 사람은 반드시 남자와 여자를 통해서만 태
어날 수 있습니다. 그러므로 예수님께서 한 번도 남자를 가까이 한 적이
없는 동정녀를 통해 태어났다는 말은 예수님의 탄생이 초자연적인 기적
사건임을 이야기하는 것입니다. 그러므로 성경의 기적을 믿는 사람만이
이 부분을 확실한 신앙으로 고백할 수 있습니다. 여러분은 성경에 나오
는 기적을 믿습니까?

미국의 제3대 대통령이요 독립선언문의 기초를 놓은 토머스 제퍼슨
(Thomas Jefferson)은 성경에 나오는 기적 사건을 믿지 못하는 사람이

토머스 제퍼슨 성경?

었습니다. 그래서 그는 성경에서 기적이 나오는 부분은 다 제거해 버리고 자기 나름의 성경을 편집해서 내었습니다.

그러나 그의 성경은 진정한 의미에서 우리가 알고 있는 성경책이 될 수가 없습니다. 왜냐하면 성경에서 초자연적인 기적 사건들을 빼 버리면 성경은 그 가치를 잃어버리기 때문입니다. 또한 우리는 그런 성경은 읽을 필요도 없습니다. 우리에게 기적을 베풀지도 못하고 아무런 능력도 행할 수 없는 하나님을 힘들게 믿을 필요가 어디에 있겠습니까? 우리가 정성을 모아 예배를 드리고 하나님을 믿는 이유는 신앙의 대상인 하나님께서 전지전능하신 하나님이시기 때문입니다.

한동대 전 총장이었던 故 김영길 박사님은 원래 신앙인이 아니었습니다. 그러다가 그는 미국으로 유학을 가서 공부하는 도중 결혼한 아내에 의해서 기독교 신앙에 관심을 갖게 되었습니다. 그러나 박사학위를 받고 나사(NASA)에 근무할 정도로 철두철미한 과학자였던 그가 믿음을 가지는 데 있어서 가장 걸림돌이 되었던 것은 바로 성경에 나오는 기적 사건들이었습니다.

그가 보기에는 예수님께서 물고기 두 마리와 보리떡 다섯 개로 5,000명을 먹이신 사건은 과학의 기본 법칙인 '질량 보존의 법칙'에 어긋나는 것이었습니다. 또한, 물이 포도주로 바뀐 사건은 '화학 방정식'이 변한 것인데 과학자인 그가 보기에는 이것은 말이 안 되는 이야기였습니다. 그래서 그는 자신의 아내와 당시 출석하던 한인교회 교인들의 기도에도 불구하고 하나님을 믿을 수가 없었습니다.

그러던 어느 날 김 박사님은 '할 린지'라는 분이 쓴 신앙 서적을 읽다가 믿음을 갖게 되었습니다. 그 책을 통해 김 박사님은 기적 사건이라는 것은 '비과학적'이라기보다는 '초과학적' 사건이기 때문에 과학적으로 증명할 대상이 아니고 믿음으로 받아들여야 할 대상이라는 사실을 깨닫게 된 것입니다. 즉 하나님께서 하시는 일들이 우리에게 기적으로 느껴지는 까닭은 하나님과 인간이 근본적으로 차원이 다르기 때문이라는 사실을 알게 된 것입니다.

이 시점에서 차원에 대하여 한번 생각해 보도록 하겠습니다. 1차원은 선이고 2차원은 면입니다. 그리고 3차원은 높이가 있는 입체입니다. 그리고 4차원은 그 너머의 세계입니다. 인간은 3차원적인 존재이기 때문에 4차원에서 일어나는 일들은 도무지 이해할 수 없습니다.

사실 하위 차원에서 보면 상위 차원에서 일어나는 일들은 모두 기적으로 느껴질 수밖에 없습니다. 가령 개미는 움직이는 동선으로 본다면 2차원적인 존재입니다. 그냥 땅바닥을 기어 다니기 때문에 아래와 위의 개념이 없는 것입니다. 그러므로 만약 3차원적인 존재가 나타나 2차원

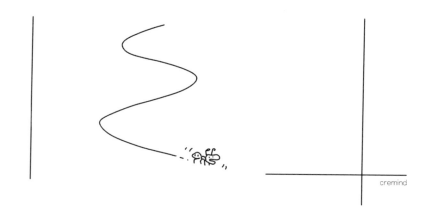

적인 개미의 세계에 개입한다면 개미에게는 그것이 모두 기적으로 느껴질 것입니다.

가령 개미 두 마리가 오솔길을 가고 있었다고 생각해 보겠습니다. 이 상황에서 갑자기 어디선가 사람의 손이 나타나 그중의 한 마리를 들어서 가져가 버린다면 어떻게 될까요? 남아 있는 개미로서는 이해할 수 없는 사건이 일어난 것입니다. 옆에 있던 친구 개미가 갑자기 사라져 버렸기 때문입니다. 그런데 잠시 후 개미를 가져갔던 사람이 다시 그 개미를 갖다 놓으면 어떻게 될까요? 그렇게 되면 남아 있던 개미에게는 기적이 일어난 것입니다. 사라졌던 친구 개미가 갑자기 나타났기 때문입니다.

이렇게 낮은 차원의 존재에게는 자신보다 상위 차원의 존재가 개입하게 되면 모든 것이 기적으로 느껴질 수밖에 없습니다. 그러면 하나님은 몇 차원이실까요? 최소한 3차원은 아닐 것입니다. 그렇다고 4차원이라고 말할 수도 없습니다. 하나님은 우주를 만드시고 차원 자체를 만드신 분이시기 때문에 하나님은 무한 차원의 존재이십니다. 그러므로 인

3장 당신은 기적을 믿는가? *55*

간이 불가능하게 생각되는 기적이 하나님으로서는 너무나 쉽고 자연스러운 일입니다.

이것을 이해하기 쉽도록 개와 인간을 비교해 보겠습니다. 인간의 수준이 안되는 개에게는 인간인 주인이 하는 모든 일이 기적입니다. 가령 사람이 TV를 켜서 재미있게 보는 모습이나 커피포트에 물을 끓이는 모습, 그리고 휴대전화로 통화를 하거나 자동차를 타고 다니는 모습 등이 개에게는 모두 기적입니다. 도저히 이해가 안 되는 일입니다. 그러나 인간에게는 너무나 자연스러운 일입니다. 우리는 단순히 하나님 차원이 안 되어서 기적을 이해하지 못할 뿐이지 하나님께는 기적이 너무나 쉬운 것입니다. 그러므로 기적은 과학의 차원에서 이해하는 것이 아니고 믿음의 차원에서 받아들여야 합니다.

II. 동정녀 탄생의 중요성

사도신경에 나오는 동정녀 탄생도 마찬가지입니다. 많은 사람이 동정녀 탄생을 믿음으로 받아들이는 데 어려움을 겪고 있습니다. 그 이유는 상식적으로 도저히 일어날 수 없는 일이 일어났기 때문입니다. 그러나 분명히 알아야 할 사실은 만약 우리가 창세기 1장 1절을 믿을 수만 있으면 동정녀 탄생을 받아들이는데 아무런 어려움이 없을 것이라는 사실입니다.

창세기 1장 1절의 내용이 무엇입니까? "태초에 하나님이 천지를 창조하시니라"는 말씀입니다. 만약 이 말씀만 "아멘"하고 받아들일 수 있다면 성경의 다른 기적들을 믿는 것은 조금도 어려운 일이 아닙니다. 아무것도 없는 무(無)에서 천지를 만드신 하나님께서 마음만 먹으면 동정녀를 통해서 하나님의 아들을 잉태하게 하는 일이 무엇이 어렵겠습니까?

'사람이 하나님이 되는 것'이 어렵지 '하나님이 사람이 되는 것'은 얼마든지 할 수 있는 일입니다. 왜냐하면 하나님은 전능하시기 때문입니다. 그러므로 중요한 것은 내가 창세기 1장 1절을 믿느냐 하는 것입니다. 이것만 믿을 수 있다면 성경에 나오는 모든 기적을 다 받아들이고 믿을 수 있는 것입니다.

예수 그리스도에 대해서 "성령으로 잉태하사 동정녀 마리아에게 나시고"라는 신앙고백을 한다는 것은 이 모든 것을 믿는다는 믿음의 고백입니다. 하나님께서 분명히 천지를 창조하셨고 또 하나님께서 분명히 기적적인 방법으로 인간의 몸으로 오셨다는 것을 믿는다는 신앙고백입니다. 창세기를 보면 천지창조 때 성령님이 창조 사역에 관여하신 것을 알 수가 있습니다.

성령님의 창조 사역

"땅이 혼돈하고 공허하며 흑암이 깊음 위에 있고 하나님의 영은 수면 위에 운행하시니라"(창 1:2).

여기에 보면 천지창조 때 하나님의 영이신 성령님이 수면 위에 운행하셨다고 되어있습니다. '운행하다'라는 말은 히브리어로는 '라하프'인데 이 말에는 '덮는다'라는 의미가 있습니다. 성령님이 마치 어미 새가 알을 품어서 부화시키듯이 지구를 품어서 창조의 역사를 일으키신 것입니다.[25] 그런데 흥미롭게도 예수님의 탄생에 대하여 전하러 온 천사가 마리아에게 이야기할 때도 비슷한 말을 하였습니다. 마리아가 자신은 남자를 알지 못하는데 어떻게 이런 일이 일어날 수 있겠느냐고 묻자 천사는 다음과 같이 말합니다.

"천사가 대답하여 이르되 성령이 네게 임하시고 지극히 높으신 이의 능력이 너를 덮으시리니 이러므로 나실 바 거룩한 이는 하나님의 아들이라 일컬어지리라"(눅 1:35).

"성령이 네게 임하시고 지극히 높으신 이의 능력이 너를 덮으시리니"라고 이야기합니다. 천지 창조 때 성령이 지구를 덮으신 것하고 비슷합니다. 마리아의 몸에 성령님이 임재하시니까 동일한 창조의 역사가 일어난 것입니다. 이 얼마나 놀라운 이야기입니까? 성경에서는 예수님이 어떠한 모습으로 오실 것인지를 이미 예언해 놓았습니다. 인간이 타락한 다음에 하나님께서는 뱀에게 저주하시면서 다음과 같이 말씀하셨습니다.

"내가 너로 여자와 원수가 되게 하고 네 후손도 여자의 후손과 원수가 되게 하리니 여자의 후손은 네 머리를 상하게 할 것이요 너는 그의 발꿈치를 상하게 할 것이니라 하시고"(창 3:15).

신학자들은 이 내용을 '원복음'이라고 하는데 이는 예수 그리스도를 통해 인류를 구원할 것을 하나님께서는 이미 창세기에 예언해 놓으셨다는 것입니다. 여기서 흥미로운 부분은 앞으로 올 메시아가 여자의 후손으로 되어있다는 것입니다. 남성 중심의 족보를 중요하게 여기는 유대인들로서는 파격적인 표현이 아닐 수 없습니다. 이에 대해 제임스 케네디 목사님은 다음과 같이 말합니다.

"성경 전체에서 오직 예수만이 '여자의 후손'으로 일컬어진다. 족보가 소개된 다른 어떤 사람도 남자에게서 태어났다고 하지, 여자에게서 태어났다고 하지 않는다. 성경에서는 족보나 혈통이 항상 아버지에 의해 이어지지, 어머니에 의해 이어지지 않는데, 창세기의 이 한 구절에서만 예외이다."[26]

중요한 지적입니다. 예수님은 남자 없이 여자의 몸에서 태어날 것이기 때문에 '여자의 후손'이라고 표현되었습니다. 성경의 동정녀 탄생을 받아들이는 것은 우리의 믿음에 있어서 대단히 중요합니다.

예수님께서는 남자 없이 성령으로 잉태되어 동정녀에게서 탄생했기에 모든 인간이 가지는 원죄를 가지지 않게 되었습니다. 그리고 예수님은 원죄가 없었기에 평생 죄를 짓지 아니하였으며 죄인인 우리를 대신해서 죽어 주실 수가 있었습니다.

만약 예수님께서 우리와 같은 죄인이었다면 비록 그분이 십자가 위에서 죽었더라도 우리의 죄를 대신할 수가 없었을 것입니다. 죄인이 죄인을 위하여 죽는 것은 대속의 죽음이 될 수 없기 때문입니다. 그러므로 이 동정녀 탄생은 우리의 구원을 위하여 대단히 중요한 것입니다.

III. 기적의 의미

기적이란 무엇입니까? 웹스터 사전에는 기적을 '신이 인간의 일에 개입하고 있음을 보여주는 놀라운 사건'으로 정의하고 있습니다. 기적은 시공간 바깥에 있는 하나님이 우리에게 관심이 있음을 보여주는 사건이기에 기적이 정말로 일어난 것이라면 참으로 감격스러운 사건이 아닐 수 없습니다. 그러므로 하나님을 믿는 사람에게 정말 도저히 부인할 수 없는 기적이 일어났다면 그것은 바로 하나님이 계신 놀라운 증거가 될 수 있습니다.

C. S. 루이스는 기적은 '자연에 대한 초자연적 힘의 간섭'[27]이라고 하면서 만일 자연 외에 초자연이라고 이름 붙일 만한 무언가가 존재하지 않는다면 기적은 일어날 수 없다는 사실을 이야기합니다. 즉 기적이 있다는 사실 그 자체만으로 초자연적인 존재인 하나님이 계신다는 단서를 얻을 수 있다는 것입니다. 이와 마찬가지 관점에서 에릭 메탁사스(Erick Metaxas)도 다음과 같이 말했습니다.

"기적들은 그곳으로 가는 표지판으로 이곳에 있는 우리에게 그곳이 있다는 것을 알려 준다."[28]

여기서 그곳은 '천국'입니다. 그러므로 기적은 우리의 세계를 넘어 다른 세계가 존재한다는 사실을 보여줍니다. 즉 기적은 이 땅의 삶이 전부

가 아니고 또 다른 세상인 천국이 있다는 사실을 보여주는 것입니다. 특별히 예수님이 이 땅에 오셔서 많은 기적을 보여주셨는데 그것은 예수님이 '천국에서 오신 메시아'이심을 보여주는 것입니다. 그래서 성경 곳곳에서는 예수님의 기적을 '표적'이라는 말로 표현합니다. 즉 예수님의 기적은 천국이 있으며 그분이 천국에서 오신 메시아이심을 보여주는 사인이라는 것입니다.

그래서 예수님의 기적은 하나하나가 다 천국을 미리 보여주는 사건이었습니다. 병든 자가 낫고, 오병이어의 기적처럼 굶주리는 사람이 없고, 눈먼 자와 앉은뱅이가 눈을 뜨고 일어나 걷게 되는, 완전한 치유와 회복이 있는 곳이 바로 천국이라는 사실을 기적을 통해 미리 보여주신 것입니다. 그래서 C. S. 루이스는 다음과 같이 말했습니다.

"복음서에 기록된 한두 가지 기적들은 이를테면 이른 꽃들입니다. 봄맞이 꽃이라고 할 수 있는데, 겨울에 활짝 피어나지만 그 역할은 다가오는 봄을 미리 알려 주는 것이기 때문입니다."[29]

멋진 표현입니다. 한겨울에 피어나서 앞으로 다가올 봄을 보여주는 봄맞이꽃처럼 예수님의 기적은 앞으로 이 땅에 임할 하나님의 나라를 미리 보여주는 것이었습니다. 그러므로 예수님은 기적을 아무렇게나 행하지 않으셨습니다. 왜냐하면 예수님의 기적은 사람들의 호기심을 충족시켜 주기 위한 것이 아니라 이 땅의 사람들에게 하나님의 은혜와 사랑을 보여주기 위한 도구였기 때문입니다.

성경에 보면 이런 내용이 나옵니다. 빌라도가 예수님을 붙잡아서 심문하다가 예수님이 헤롯의 관할에 속한 것을 알고 자신의 책임을 면하기 위해 그에게 예수님을 보냈습니다. 그러자 헤롯이 예수님을 보고 좋아하며 이적을 행하도록 요구했지만 예수님은 여기에 대해 전혀 반응하지 않았습니다.

"헤롯이 예수를 보고 매우 기뻐하니 이는 그의 소문을 들었으므로 보고자 한 지 오래였고 또한 무엇이나 이적 행하심을 볼까 바랐던 연고러라 여러 말로 물으나 아무 말도 대답하지 아니하시니"(눅 23:8-9).

우리는 예수님이 화끈하게 기적을 베풀어서 그를 놀라게 해 주었으면 하는 생각이 들 수 있지만, 예수님은 그렇게 하시지 않았습니다. 그 이유는 예수님은 마술사가 아니기 때문입니다. 화끈한 퍼포먼스를 하는 것이 목적이 아니기 때문입니다. 예수님은 기적을 함부로 사용하지 않았습니다. 예수님의 기적은 철저히 앞으로 임할 하나님의 나라를 보여주기 위한 것입니다. 그래서 예수님은 필요할 때 외에는 기적을 함부로 사용하지 않으셨습니다.

Ⅳ. 삶에서 경험하는 기적

신앙생활을 할 때 기적만을 따라가는 신앙은 위험하지만, 기적을 기대하는 마음을 가지는 것은 좋은 태도입니다. 왜냐하면 우리가 믿는 하나님은 전지전능하신 하나님이며 기적의 하나님이시기 때문입니다. 사실하나님이 늘 하시는 일이 기적입니다. 다만 특별한 기적을 통해 평소 자신이 하시는 일을 좀 더 분명하게 인간들에게 드러내시는 것일 뿐입니다.

C. S. 루이스는 예수님이 하나님이시라면 물을 포도주로 바꾸는 일은 하나도 어려울 것이 없다고 이야기했습니다. 왜냐하면 이 자연계에서 하나님께서 늘 하시는 일이 물을 포도주로 바꾸는 일이기 때문입니다. 다음은 C. S. 루이스가 한 말입니다.

물로 만든 포도주?

"매년 자연 질서의 일부로서, 하나님은 포도주를 만드십니다. 그분은 물과 토양과 햇빛을 주스로 바꾸어 놓을 수 있는 식물 유기체를 창조하시며, 그렇게 만들어진 주스는 적절한 조건이 맞춰지면 포도주가 됩니다. 어떤 의미에서 그분은 이렇게 늘 물을 포도주로 바꾸고 계신 것입니다. 모든 음료가 다 그렇듯 포도주 역시 결국 물이 변해서 된 것이기 때문입니다."[30]

그렇습니다. 그의 말이 하나도 틀린 것이 없습니다. 여러분, 한번 생각해 보십시오. 포도주가 어떻게 만들어집니까?

하늘에서 빗물이 떨어져서 그것이 포도나무 뿌리에 스며들어 나중에 포도 열매가 열리지 않습니까? 그리고 이 포도 열매를 가지고 나중에 포도주가 만들어지는 것입니다. 그러므로 원래 포도주는 물로 만드는 것입니다. 다만 예수님께서 속도를 조금 빠르게 했을 뿐입니다.

그래서 C. S. 루이스는 "기적이란 말하자면 지름길로 가는 것입니다"[31] 라고 말했습니다. 기가 막힌 표현입니다. 하나님이 늘 하시던 일을 좀 더 적극적으로 개입하여 속도를 빨리하거나 우리가 생각하던 것과 좀 다른 방법으로 하시는 것이 기적입니다.

사실 우리는 날마다 기적과 더불어 살아가고 있습니다. 이 지구가 엄청난 속도로 자전과 공전을 하지만 우리는 이것을 전혀 느끼지 못하며 편안하게 살아가고 있습니다. 이것 자체가 놀라운 기적입니다. 지구의 공전 속도는 시속 약 10만 7천km입니다. 이 속도는 달리는 승용차의 약 1,000배의 속도입니다. 승용차가 시속 100킬로만 달려도 불안한데 그 천 배의 속도로 이렇게 달리고 있는 지구에 살고 있으면서도 우리는 전혀 어지러움을 느끼지 않습니다. 이 얼마나 놀라운 기적입니까?

그 외에도 이 땅에 존재하는 것들을 자세히 살펴보면 모두가 다 기적입니다. 인간의 몸속에는 수없이 많은 혈관이 있는데 이 혈관에 흐르는 핏줄이 하나만 막혀도 인간은 바로 쓰러집니다. 그런데 우리는 이렇게 아무렇지도 않게 수십 년을 살아갑니다. 그뿐 아니라 가만히 생각해 보면 우리가 호흡할 때마다 폐 속에서 산소와 이산화탄소가 자연스럽게 교환되는 것도 참으로 신비스러운 것입니다. 인간의 머리로는 이 모든 과정에서 일어나는 메카니즘을 다 이해할 수 없습니다. 하지만 우리가 시키지도 않았는데 폐 안에 있는 세포가 알아서 스스로 이 모든 일을 한다는 사실이 너무나 놀랍습니다.

그러므로 삶에서의 기적은 멀리 있는 것이 아니라 너무나 가까이 늘 존재하고 있는 것입니다. 그러나 무지한 인간들이 그 사실을 자주 잊어버리기 때문에 하나님께서는 때로는 도저히 부인할 수 없는 놀라운 기적들을 주셔서 하나님의 살아계심을 더욱 확신하게 만들어 주시는 것입니다.

사람들은 자신이 소유한 이성을 대단히 중요하게 여깁니다. 그래서 기적이 이성에 반한다고 생각하여 잘 받아들이지 않습니다. 그러나 우리는 파스칼(Blaise Pascal)을 통해 도전을 받아야 합니다. 파스칼이 살았던 당시는 인간의 이성을 강조하는 근대주의 시대였습니다. 그러다 보니 인간의 이성에 절대 가치를 두고 인간의 이성으로 잘 이해가 되지 않는 하나님의 계시의 말씀을 무시하는 풍조가 만연하였습니다. 그러나 그렇게 인간의 이성을 절대시하는 사람들을 향해 파스칼은 다음과 같이 말했습니다.

"이성의 최후의 한걸음은 이성을 초월하는 무한한 사물이 있음을 인정하는 것이다. 이를 인정하는 데까지 이르지 않는 한 이성은 약한 것일 뿐이다."[32]

파스칼은 인류 역사상 최고의 천재 중의 한 명이었습니다. 그러나 그는 자신의 이성의 잘남을 가지고 하나님을 배척하지 않았습니다. 오히려 이성이 해야 할 최후의 사명은 이성을 가지고 이성을 뛰어넘는 그 무엇이 있다는 사실을 인식하는 것이라는 명언을 남겼습니다.

기적은 인간의 이성을 넘어서는 초자연적인 사건이고 인간의 머리로 이해가 되지 않는 사건입니다. 그러나 그렇다고 그것을 무조건 배척하고 무시하는 것은 어리석은 행동입니다. 기적은 자연의 법칙을 뛰어넘는 것이지만 그렇다고 그것이 자연의 법칙을 깨트리는 것은 아니기 때문입니다.

기적은 마치 구급차와 같습니다. 급한 환자가 있으면 구급차가 출동합니다. 이때 구급차는 가끔 신호를 무시하고 달립니다. 그렇다고 해서

그 차가 신호 위반이라고 말할 수는 없습니다. 위급한 상황에서 신호를 초월하는 것일 뿐입니다.

기적도 마찬가지입니다. 기적은 자연법칙을 위배하는 것이 아닙니다. 기적은 자연법칙을 뛰어넘는 것일 뿐입니다. 그러므로 기적은 인간의 이성으로 이해가 안 될 뿐이지 하나님 편에서 보면 절대로 일어날 수 없는 불가능한 일은 아닙니다. 그래서 어거스틴은 "기적은 자연과 모순되는 것이 아니다. 우리가 자연에 대해 알고 있는 것과 모순될 뿐이다"라고 말했습니다.

기독교의 특징 중의 하나는 기독교가 '기적의 종교'라는 것입니다. 성경을 보면 처음부터 끝까지 기적투성이입니다. 예수님의 탄생도 기적이고, 예수님이 하신 수많은 치유 사역도 기적이고, 예수님의 죽음 이후의 부활도 기적입니다. 그러므로 우리가 기적을 인정하지 않으면 하나님을 제대로 믿을 수 없습니다.

기억하십시오. 성경에는 수많은 기적이 있습니다. 그리고 이러한 기적들이 있다는 사실 자체가 우리의 인식 세계를 뛰어넘는 초월적인 하나님이 계신다는 증거입니다. 그러므로 우리는 성경에 나오는 모든 기적을 하나님이 살아계신 증거로 믿고 받아들여야 할 것입니다.

"성도의 인생은 우주를 창조하신 분의 초자연적 개입과 경륜을 경험하는 신비한 모험이다." - 조이 도우슨

래리 킹의 질문

'래리 킹'(Larry King)이라고 하면 인터뷰의 황제로 불리는 사람입니다. 그는 2021년 87세의 나이로 세상을 떠나기까지 60년이 넘도록 5만 명이 넘는 사람을 인터뷰한 미국 토크쇼의 전설입니다. 제럴드 포드 이후 미국의 모든 대통령을 인터뷰한 사람이라고 할 정도로 그를 거쳐 가지 않은 유명인사는 거의 없었습니다.

그런 그가 한번은 '데이비드 레터만'이 진행하는 쇼에 게스트로 출연하게 되었습니다. 대화 중에 레터만이 래리 킹에게 물었습니다. "만일 당신이 역사상 아무 사람이든지 인터뷰할 수 있다면 누구를 인터뷰하시겠습니까?"

킹은 조금도 주저하지 않고 "예수 그리스도입니다"라고 대답했습니다. 당황스러워하던 레터만은 잠시 할 말을 찾아 우물쭈물하다가 그다음 질문을 던졌습니다. "예, 그러면 당신은 그에게 무엇을 물어보고 싶으십니까?"

킹이 대답했습니다. "저는 그에게 그가 정말 동정녀에게서 태어났는지를 물어볼 것입니다. 그 질문에 대한 답변이 역사를 규정할 것이기 때문입니다."[33]

래리 킹의 답변은 핵심을 찌른 것이었습니다. 동정녀 탄생이 그토록 중요한 이유는 기독교 신앙에 있어서 가장 중요한 예수님에 대한 정체성을 확립해 주기 때문입니다.

예수님이 동정녀에서 탄생했다면 그것 하나로 그분은 하나님이시라는 증거가 됩니다. 그러나 반면에 예수님이 동정녀에서 탄생하신 것이 아니라면 우리는 그분을 믿을 이유가 없고, 전 세계가 그분이 탄생하신 날을 크리스마스로 축하할 이유도 없는 것입니다. 예수님이 동정녀에서 탄생하지 않았다면 그분은 하나님이 아니고 우리와 같은 인간에 불과하기 때문입니다.

04

당신은 │ 십자가를 믿는가?

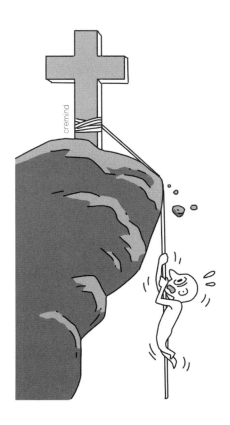

당신은 십자가를 믿는가?

"본디오 빌라도에게 고난을 받으사 십자가에 못 박혀 죽으시고"

I. 본디오 빌라도에게 고난을 받으심

사도신경에는 "십자가에 못 박혀 죽으시고"라는 말 앞에 반드시 붙는 말이 있습니다. 바로 "본디오 빌라도에게 고난을 받으사"라는 말입니다. 그래서 지금도 전 세계 사람들이 기독교 신앙을 고백할 때 "본디오 빌라도에게 고난을 받으사 십자가에 못 박혀 죽으시고"라고 하면서 빌라도의 죄과를 부각합니다.

이에 대해 빌라도가 조금 억울할 수도 있습니다. 어떤 면에서 보면 빌라도는 예수님의 무죄함을 알고 어떻게든 그를 석방하려고 노력한 부분이 있기 때문입니다. 그러나 어쨌든 예수 그리스도에게 사형 선고를 내린 사람은 빌라도이기 때문에 그가 최종 책임자인 것은 분명합니다.

당시 빌라도는 예수를 사형시킬 권세도 있었고 놓아줄 권세도 있었

습니다. 더구나 그는 예수님이 죄가 없는 분인 것도 알았습니다. 하지만 그는 사형을 선고했습니다. 그래서 빌라도의 죄가 더욱 큰 것입니다. 빌라도의 죄에 대해 레이 프리차드(Lay Pritchard) 목사님은 다음과 같이 말했습니다.

> "유대교 지도자들이 권총을 장전했다고 한다면, 방아쇠를 당긴 것은 빌라도였다."[34]

비록 유대인들이 예수님을 모함하여 사형을 당할 수밖에 없는 자리로 몰아넣은 것은 사실이지만 어쨌든 그 일을 직접 실행한 것은 빌라도입니다. 그러나 사도신경이 예수님의 고난과 십자가 앞에 '빌라도'라는 말을 집어넣은 데에는 다음과 같은 몇 가지 이유가 더 있습니다.

첫째, 예수님의 십자가의 죽음이 역사의 한 시점에서 분명히 발생한 것임을 강조하기 위해서입니다. 알리스터 맥그래스(Alister McGrath)는 다음과 같이 말했습니다.

"빌라도에 대한 언급은 사도신경을 역사 안에 단단히 고정시켜 준다."[35]

배가 항구에 도달하여 닻을 내리면 파도에 휩쓸려 가지 않고 고정됩니다. 이와 마찬가지로 빌라도라는 역사적 인물이 등장함으로써 예수님의 십자가 사건이 신화적인 이야기가 아니고 역사의 한 시점에 분명히 일어났던 사건임이 분명해지게 되었습니다.

본디오 빌라도는 AD 26~36년 사이에 유대의 총독으로 있었던 사람입니다. 그는 역사적으로 분명히 실존했던 인물입니다. 그러므로 그의 이름이 사도신경에 나오는 것은 예수님의 고난과 죽음이 실제 일어난 사건이었다는 사실을 보여줍니다.

즉 예수님의 십자가 사건은 죽음의 시기와 장소가 불분명한 전설 같은 이야기가 아니라, 당시 최고의 강대국이었던 로마 제국의 황제를 대신한 본디오 빌라도 밑에서 일어난 분명한 역사적 사건이었다는 것입니다. 여기 나오는 '본디오 빌라도에게'라는 표현은 라틴어나 영어에서는 '본디오 빌라도 아래서'라고 되어 있습니다.

이 말은 본디오 빌라도가 직접 예수님을 고문하고 죽인 것은 아니지만 그가 통치하고 있는 상황에서 '그의 명령 하에' 이루어진 일이라는 사실을 말해주는 것입니다. 즉 예수님은 분명한 역사의 한 시점에 당시 그 지역을 다스렸던 통치자의 결정으로 공적으로 사형 선고를 받고 공개된 장소에서 돌아가셨다는 것입니다.

둘째, 예수님이 빌라도에게 사형을 선고받았다는 사실을 강조하는 것은 예수님의 무죄성을 전 세계만방에 알리기 위함입니다. 당시 로마는 세계 최고의 법률 체계를 가지고 있었습니다. 그런데 예수님은 이 로

마를 대표하는 빌라도 총독으로부터 무려 세 번이나 무죄 선언을 받았습니다.[36] 이를 통해 하나님은 당신의 아들 예수 그리스도가 비록 정치적인 이유로 사형을 당했지만 실제로는 죄가 없었다는 사실을 온 세상 사람들에게 알리고 계신 것입니다.

셋째, 빌라도를 언급함으로 예수님이 철저히 버림받은 죄인으로 돌아가셨음을 강조하기 위해서입니다. 여기에 대해 R. C. 스프롤(Robert Charles Sproul)의 설명이 도움이 됩니다. 그는 말하기를 사도신경에서 빌라도를 언급한 이유는 빌라도가 당시 이방 세계의 법적 권위를 대표하는 사람이었기 때문이라는 것입니다. 즉 빌라도에 손에 죽었다는 것은 예수님이 재판과정에서 유대인이 아니라 이방인들, 이교도들의 손에 넘겨졌다는 것을 의미하는 것으로, 영적으로 보면 예수님은 '진 밖에서' 심문과 재판을 받았다는 것을 의미한다는 것입니다.[37]

'진 밖에서'라는 말이 의미하는 것이 무엇입니까? 당시 구약 시대에는 속죄 제물들을 진 밖에서 불살랐습니다. 죄인들도 진 밖으로 추방당했고, 신성모독을 한 사람도 진 밖에서 화형을 당했습니다. 그래서 한마디로 말하면 '진 밖'이라는 장소는 '하나님의 언약 공동체에서 제외당한다'라는 것을 의미합니다. 이에 대해 스프롤은 다음과 같이 말합니다.

"저주를 받는다는 것은 하나님 앞에서 쫓겨나고 진 밖으로 나가며 하나님의 은혜에서 제외된다는 것이다. 구약 시대에 유대인들에게 가장 두려운 일은 더럽혀져서 '부정하다'라는 선고를 받고 하나님께서 함께하시는 진에서 쫓겨나는 것이었다. 아담과 하와는 에덴동산에서 쫓겨났을 때 저주를 경험했다. 구약 시대의 희생 제도 가운데 하나였던 속죄 염소는 제사장의 안수로 이스라엘 민족의 모든 죄를 상징적으로 떠맡은 후에 광야로 쫓겨났다."[38]

　이것이 예수님과 무슨 상관이 있느냐 하면 예수님이 진 밖에서 죽었다는 것은 구약에서 죄인들이 하나님의 공동체에서 추방당하여 온전히 저주받은 모습으로 죽은 것과 똑같은 모습으로 죽었다는 것입니다. 즉 이는 예수님이 우리를 위해 '철저히 저주받은 죄인의 모습으로' 우리가 당할 저주와 형벌을 온전히 담당해 주셨다는 것을 확실하게 보여주는 것입니다. 이에 대해 성경은 다음과 같이 말합니다.

　"이는 죄를 위한 짐승의 피는 대제사장이 가지고 성소에 들어가고 그 육체는 영문 밖에서 불사름이라　그러므로 예수도 자기 피로써 백성을 거룩하게 하려고 성문 밖에서 고난을 받으셨느니라 그런즉 우리도 그의 치욕을 짊어지고 영문 밖으로 그에게 나아가자"(히 13:11-13).

성문 밖의 십자가

예수님은 성전 안에서 돌아가시지 않고 거룩한 성 바깥에서 부정한 이방인들의 손에 의해 죽임을 당하셨습니다. 이것은 예수님이 '하나님의 언약에서 끊어진 자'가 되어서 이에 해당하는 모든 저주를 십자가 위에서 다 받으셨다는 것을 의미합니다. 그래서 사도신경은 예수님이 빌라도의 손에 죽임을 당하셨다는 사실을 강조하는 것입니다.

II. 십자가의 의미

"본디오 빌라도에게 고난을 받으사"라는 말도 중요하지만 정말 중요한 것은 그다음에 나오는 "십자가에 못 박혀 죽으시고"라는 말입니다. 예수님이 십자가에 못 박혀 죽으신 것을 인정하고 받아들이는 것이 신앙고백에서 대단히 중요합니다. 기독교에서는 예수님의 십자가 사건을 대단히 중요하게 여깁니다.

사도신경을 자세히 살펴보면 예수님의 가르침이나 모범에 관한 언급이 전혀 없습니다. 사도신경에는 오로지 예수님의 일생 중 단 이틀, 즉 출생일과 사망일에 관한 언급만이 있을 뿐입니다. 이것은 기독교의 중심이 예수 그리스도가 성육신하여 오신 것과 인간의 죄를 짊어지시기 위하여 십자가에 돌아가신 사건에 초점이 맞추어져 있다는 사실을 보여줍니다.

기독교에서 십자가를 빼면 기독교 전체가 완전히 무너져 버립니다. 왜냐하면 십자가를 지는 목적이 아니라면 예수님은 구태여 하늘 보좌를 버리시고 이 땅에 오실 필요가 없었기 때문입니다. 하나님이신 예수님이 이 땅에 오신 이유는 바로 인간의 죄를 대신하여 십자가를 지시기 위해서입니다. 그러므로 십자가는 다음과 같은 세 가지를 보여줍니다.

1. 죄의 심각성을 보여줍니다.

십자가는 죄의 심각성을 보여줍니다. 십자가는 인간의 죄 문제를 해결하기 위한 하나님의 처방전입니다. 그런데 이 처방전이 십자가라는 사실은 인간의 죄 문제가 얼마나 심각한 것인가를 극명하게 보여줍니다. 손과 발이 못에 박혀 온몸의 피가 빠져나가면서 서서히 죽어가는 것이 바로 십자가의 형벌입니다. 그러므로 이 십자가의 고통은 상상을 초월합니다. 그래서 당시 로마 시민은 어떤 경우에도 십자가형으로 사형을 시키지는 않았습니다. 그 이유는 십자가가 너무나 야비하고 참혹한 형벌이었기 때문입니다. 그래서 바울은 로마 시민권자였기 때문에 십자가에 매달아 죽이지 않고 참수했고, 베드로는 로마 시민권을 가지고 있지 않았기 때문에 십자가에 매달아 죽였던 것입니다.

십자가는 너무나 끔찍한 것입니다. 그러므로 하나님께서는 이 십자가를 통해 인간의 죄가 얼마나 심각한가 하는 것을 보여주십니다. 우리의 죄는 이렇게 십자가 위에서 죽어야 할 정도로 심각하고 끔찍하다는 것을 보여주십니다. 하나님은 죄에 대하여 이렇게 철저하게 공의로 심판을 하실 수밖에 없다는 것을 보여주시는 것입니다. 스테판 차녹(Stephen Charnock)은 다음과 같이 말했습니다.

"사악한 세상에 부어진, 혹은 부어질 모든 심판의 대접도, 죄인의 양심을 태울 맹렬한 풀무불도, 반역하는 마귀에게 선고된 돌이킬 수 없는 판결도, 저주받은 피조물의 신음 소리도 하나님께서 자기 아들에게 터뜨린 진노만큼 죄에 대한 하나님의 미움을 입증하지 못한다."[39]

오늘날 사람들이 죄를 가볍게 여기는 경향이 있습니다. 하지만 하나님은 마지막 심판대에서 우리의 죄를 낱낱이 밝혀서 심판하실 것입니다. 그리고 그 누구도 이에서 벗어날 수 있는 사람은 없습니다. 인간은 태어날 때부터 죄 가운데 태어나고, 죄를 자연스럽게 짓게 되기 때문에 본질상 '하나님의 진노의 대상'이 될 수밖에 없습니다. 이것이 바로 성경이 말씀하고 있는 바입니다.

> "전에는 우리도 다 그 가운데서 우리 육체의 욕심을 따라 지내며 육체와 마음의 원하는 것을 하여 다른 이들과 같이 본질상 진노의 자녀이었더니"(엡 2:3).

죄지은 인간들 앞에는 하나님의 무서운 진노가 기다리고 있습니다. 비록 시대가 바뀌어서 사람들이 죄를 여러 가지 다른 이름으로 포장하고 웬만한 일에 대해서는 죄책감도 느끼지 않게 되었지만, 하나님은 죄를 그렇게 가볍게 보시지 않습니다. 마지막 날 죄에 대한 하나님의 심판이 얼마나 심각할지를 보여주는 것이 바로 십자가입니다. 십자가는 저주의 상징입니다. 그것도 끔찍한 저주의 상징입니다. 이것이 바로 당시 유대 종교 지도자들이 예수님을 기어코 십자가에 못 박아 죽이고자 했던 이유입니다.

당시 유대는 로마의 속국이었기 때문에 스스로 사형을 선고할 수 있는 권한이 없었습니다. 그러나 스데반의 경우를 통해서도 알 수 있듯이 그들이 마음만 먹으면 예수님을 신성모독으로 몰아서 돌로 쳐서 죽일 수도 있었습니다. 그러나 그들이 기어코 예수님을 로마 법정으로 끌고 가서 빌라도의 손에 죽게 한 것은 예수님을 '하나님께 저주받은 자'로 만들기 위해서입니다. 예수님 당시에 십자가는 나무로 만들어져 있었습니다. 그런데 성경에 보면 나무에 달린 자마다 저주받은 자라고 했습니다.

"사람이 만일 죽을 죄를 범하므로 네가 그를 죽여 나무 위에 달거든 그 시체를 나무 위에 밤새도록 두지 말고 그날에 장사하여 네 하나님 여호와께서 네게 기업으로 주시는 땅을 더럽히지 말라 나무에 달린 자는 하나님께 저주를 받았음이니라"(신 21:22-23).

나무에
달린자

그래서 사람들은 예수님께서 십자가에 매달리실 때 그분을 죄인 취급했습니다. 그가 죄를 지어 하나님의 저주를 받고 십자가에 매달린 것으로 생각했습니다. 그래서 그들은 십자가에 매달린 예수님을 미워하고 저주하고 욕했습니다. 그러나 그들이 모르고 있었던 사실이 있었습니다. 그것은 사실 예수 그리스도는 죄가 하나도 없는 분이었는데 우리의 죄를 대신해서 십자가에서 죽었다는 사실입니다. 성경은 다음과 같이 말합니다.

"하나님이 죄를 알지도 못하신 이를 우리를 대신하여 죄로 삼으신 것은 우리로 하여금 그 안에서 하나님의 의가 되게 하려 하심이라"(고후 5:21).

예수님은 죄인이기 때문에 십자가에서 죽으신 것이 아닙니다. 예수님은 하나님이시기에 죄가 하나도 없는 분이었습니다. 그러나 하나님은 이렇게 '죄를 알지도 못하신' 분을 '죄 덩어리'가 되어 죽게 하였습니다. 우리의 죄를 대신 지시기 위해서입니다. 여기에 대해 마이클 호튼

(Michael S. Horton)은 다음과 같이 말했습니다.

"진리이던 그가 세상에서 참으로 구제 불가능한 위선자가 되어야 했다. 지극히 순결해 여성을 보고도 흑심을 품지 않았던 그가 역사에서 가장 파렴치한 강간범이 되어야 했다. 순진한 이타심으로 항상 사랑하던 유일한 분이 하나님의 창조 세계에서 가장 혐오스런 흉악범이 되어야 했다. 그는 인종차별주의자와 살인자와 중상자와 모략하는 자와 절도범과 폭군이 되어야 했다. 원래 본성적으로 그런 자가 아니라 우리 죄를 담당한 대리자로서 그렇게 되어야 했다."[40]

2,000년 전에 만약 예수님이 이 땅에 오셔서 그냥 조용히 나이 들어 죽었다면 그분은 우리의 죄를 대신할 수 없었을 것입니다. 피를 흘려야만 죄가 대속되기 때문입니다. 어떤 사람은 예수님의 피가 죄를 대속한다면 칼에 베여 피가 조금 흐르는 정도로는 안 되었는가 하고 물어보기도 합니다. 하지만 그 정로는 안됩니다. 피가 흐르되 피를 흘리고 죽어야 합니다. 왜냐하면 '죄인은 마땅히 죽어야' 죗값을 치를 수 있기 때문입니다. 예수님의 십자가는 이렇게 우리의 죄가 얼마나 끔찍하고 심각한가 하는 것을 웅변적으로 보여줍니다.

2. 하나님의 사랑을 보여줍니다.

십자가는 또한 하나님의 사랑을 보여줍니다. 십자가는 분명히 우리에게 죄의 심각성을 보여줍니다. 그러나 동시에 십자가는 하나님께서 우리를 너무나 사랑하신다는 것을 보여줍니다. 그 이유는 하나님께서 그 끔찍한 십자가에 우리를 매달지 않고 당신의 아들을 매다셨기 때문입니다. 왜 그렇게 하셨을까요? 그것은 하나님께서 우리를 너무나 사랑하시기 때문입니다. 자신의 아들을 내놓으실 정도로 사랑하시기 때문입니다. 여기에 대해 스테판 차녹(Stephen Charnock)은 다음과 같이 말했습니다.

"하나님은 아들이 신음하는 소리를 듣고자 하셨고, 아들이 피 흘리는 것을 보고자 하셨다. 그래야 우리가 자신의 찌푸린 얼굴 아래 신음하고 자신의 진노 아래 피 흘리는 일이 없을 것이기에. 하나님은 아들의 목숨을 살려 주지 않으셨다. 그래야 우리 목숨을 살려 주실 수 있을 것이기에. 하나님은 아들을 치기를 마다하지 않으셨다. 그래야 우리를 기뻐하실 수 있을 것이기에. 하나님은 자신의 칼이 아들의 피로 흠뻑 젖게 하셨다. 그래야 그 칼이 우리 피로 젖는 일이 영원히 없고 자신의 선함이 우리의 구원으로 영원히 승리할 수 있을 것이기에. 하나님은 스스로 멸망의 길로 가기를 좋아하는 인간을 멸망시키기보다는 기꺼이 자기 아들을 인간으로 만드사 죽게 하셨다."[41]

이 하나님의 사랑을 무엇으로 설명할 수가 있겠습니까. 이것은 인간의 머리로는 이해가 안 되는 사랑입니다. 그러므로 이 놀라운 사랑의 선물을 우리는 감사함으로 받아야 합니다. 필립 라이큰(Philip G. Ryken) 목사님은 다음과 같이 말했습니다.

"이것은 매우 귀중한 선물입니다. 하나님이 자신의 아들을 주셨기 때문입니다. 또한, 진귀한 선물이기도 합니다. 예수님은 하나님의 유일한 아들이기 때문입니다. 그리고 매우 값비싼 선물입니다. 다른 그 무엇보다 값집니다. 그 선물의 값은 예수님의 생명이기 때문입니다."[42]

여러분은 이 사실이 믿어지십니까? 이렇게 더럽고 추한 죄인을 위해 흠 없고 티 없는 하나님의 아들 예수께서 피 흘려 주셨다는 사실이 믿어지십니까? 이 사실이 믿어지는 사람은 하나님의 축복을 받은 사람입니다. 그러므로 이것이 깨달아지는 것이야 말로 하나님의 은혜인 것입니다.

하나님은 우리의 죗값으로 인하여 모든 인간을 죄인으로 선언하시고 멸망을 선고하였습니다. 그러나 우리가 그 형벌을 그대로 받으면 살아남을 수가 없다는 사실을 아시기 때문에 자신의 아들을 보내어서 우리를 대신하여 그 모든 형벌을 고스란히 받게 하셨습니다. 이것이 바로 예수 그리스도의 십자가입니다. 여기에 대하여 존 맥아더(John MacArthur) 목사님은 다음과 같이 설명합니다.

"예수님은 자신의 두 팔로 우리를 감싸 안고 하나님의 진노로부터 우리를 피하게 하심으로써 하나님의 사랑을 지키셨으며, 우리의 죗값을 친히 치러 하나님의 법이 지켜지게 하셨다."[43]

예수 그리스도를 믿게 되면 우리는 예수님의 품 안에 안기게 됩니다. 그러면 하나님의 진노가 쏟아지더라도 예수님께서 이미 여기에 대한 심판을 받으셨기에 우리는 하나님의 진노의 직접적인 희생자가 되지 않아도 됩니다. 이것이 하나님의 놀라운 사랑입니다. 십자가는 하나님의 사랑의 절정입니다.

이런 말이 있습니다. 누군가가 하나님께 우리를 얼마나 사랑하시느냐고 물어보았습니다. 그러자 하나님께서는 "이만큼 사랑한다"라고 말씀하시면서 두 팔을 쭉 뻗으시고 십자가 위에서 돌아가셨다는 것입니다.

이 만큼 사랑해

그러므로 우리는 십자가를 볼 때마다 하나님의 사랑이 얼마나 크고 위대한 것인가 하는 것을 기억해야 합니다. 예수님은 하나님이십니다. 그러므로 그분은 십자가에서 내려와서 로마 군대를 물리칠 능력이 있었습니다. 하지만 십자가에서 예수님을 내려오지 못하게 만든 것은 '못'이 아니었습니다. 바로 저와 여러분을 위한 '사랑' 때문이었습니다.

3. 인간의 구원은 하나님께 달려 있음을 보여줍니다.

십자가는 인간의 구원에 대한 해답이 하나님께 달려 있음을 보여줍니다. 지난 20세기 역사는 인간의 문제에 대한 해답을 인간 내부에서 찾으려고 한 시도들이었습니다. 근대 산업의 발전과 과학의 눈부신 발전을 보면서 사람들은 기계 문명이 발전하면 인간에게 유토피아가 올 것으로 생각했습니다.

그러나 그것은 착각이었습니다. 과학이 발전하면 할수록 그만큼 인간에게는 또 다른 부작용이 일어났습니다. 산업화의 발전으로 인한 인간소외 현상과 더불어 과학 문명의 발전으로 인한 여러 가지 좋지 않은 부산물들이 발생하였습니다.

어떤 사람들은 철학이나 사상이 인간의 문제를 해결해 줄 것으로 생각했습니다. 그러나 현실은 그렇지 못했습니다. 계급투쟁으로 인간을 평등하게 만들면 지상 낙원이 올 것이라고 믿었던 공산주의도 인간의 죄성을 간과한 어리석은 사상이었고, 무한경쟁을 통해 부의 획득을 추구하면 누구나 잘살게 되리라 생각했던 자본주의도 빈익빈 부익부 현상을 통해 그 한계를 드러냈습니다.

우리 인간은 스스로 자신을 구원하지 못한다는 사실을 인정해야 합니다. 기독교를 제외한 모든 종교는 인간 자신의 노력으로 구원을 얻으려고 하는 것입니다. 그러나 인간의 근본적인 문제인 '죄 문제'를 해결하지 않고는 구원의 가능성이 없다는 사실을 알아야 합니다. 성경에 이런 말씀이 있습니다.

"구스인이 그의 피부를, 표범이 그의 반점을 변하게 할 수 있느냐 할 수 있을진대 악에 익숙한 너희도 선을 행할 수 있으리라"(렘 13:23).

인간의 타고난 죄성은 스스로의 힘으로는 바꿀 수 없습니다. 그러므로 이 사실을 알게되면 겸손하게 됩니다. 그리고 우리에게 구원을 베풀어 주신 하나님께 감사하게 됩니다. 사람들 가운데는 천국 가기 위해서는 그래도 뭔가 선한 행위를 해서 공로를 쌓아야 하지 않을까 하고 생각하는 경우가 있는데 이것은 잘못된 생각입니다. 하나님께서는 예수 그리스도의 십자가를 통하여 구원 사역을 완성해 주셨습니다. 그러므로 우리는 자신이 죄인임을 인정하고 주님이 이루신 일을 믿음으로 받아들이기만 하면 구원을 받을 수 있습니다.

테텔레스타이

예수님께서 십자가에서 돌아가셨을 때 "다 이루었다"(요 19:30) 라는 말씀을 남기고 돌아가셨습니다. 이 말은 원어로 하면 '테텔레스타이' 인데 이는 당시 상인들이 빚을 다 갚았다는 뜻으로 쓴 용어입니다. 화가가 그림을 그리고 작품이 완성되었을 때도 이 말을 사용했습니다.

그러므로 예수님께서 십자가 위에서 이 말씀을 남기실 때는 자신의 죽음을 통하여 죄의 빚을 다 갚고, 이제 인간의 구원을 위한 사명을 완성하였다는 뜻으로 말씀하신 것입니다. 여기에 대해 마이클 호튼(Michael S. Horton)은 다음과 같이 말했습니다.

"십자가는 아담의 범죄로 누적된 진노를 따라 증류되고 단번에 마시도록 고도로 농축된 영원한 진노의 잔이었다. 우리에게 구원의 잔을 마시게 하기 위해 아들이 진노의 잔을 마셨다. 그리고 그가 자기 잔을 비웠을 때, 은혜로 그 죽음의 혜택을 누리는 우리가 마셔야 할 한 방울도 남아 있지 않았다."[44]

예수님이 받은 잔은 고난의 잔이었고, 인간의 죄에 대한 하나님의 진노의 잔이었습니다. 예수님이 십자가 위에서 진노의 잔에 든 모든 것을 다 받고 돌아가셨기 때문에 이제 우리는 그분이 주시는 구원의 선물과 은혜를 누릴 수 있게 되었습니다. 그러므로 저와 여러분은 예수님의 십자가에 영원히 감사해야 합니다.

예수님의 피는 너무나 소중한 피이기 때문에 인간의 어떤 죄라도 감당할 수 있습니다. 그러므로 내가 해야 할 일은 죄를 회개하고 나를 위하여 십자가 위에서 돌아가신 예수 그리스도를 믿는 것뿐입니다.

인간은 아무리 착하게 살아도 천국에 들어갈 만큼 그렇게 거룩한 의인이 될 수 없습니다. 그러므로 구원의 문제에 있어서만은 절대로 자신의 공로를 내세워서는 안 되고 주님이 이미 십자가 위에서 완성해 놓으신 구원의 선물을 믿음으로 받아들여야 하는 것입니다.

"하나님은 우리의 죄를 미워하시던 그때에도 놀랍고 신성한 방법으로 우리를 사랑하셨다." - 존 칼빈

제임스 해리슨 이야기

'제임스 해리슨'(James Harrison)은 호주에 사는 80대 남성입니다. 이분은 18세 때부터 80세가 넘기까지 1,000회 이상 헌혈을 해서 기네스북에 올랐습니다. 그가 이렇게 목숨 걸고 2주에 한 번씩 열심히 헌혈을 한 이유는 그의 피가 아주 특별한 피이기 때문입니다.

그는 폐에 문제가 있어서 14살 때 호주의 한 병원에서 큰 수술을 받았습니다. 이 과정에서 그는 13 ℓ 에 달하는 대량의 수혈이 필요한 상황이 되었습니다. 하지만 그의 혈액형은 아주 희귀한 'RH-A'형이었습니다. 이로 인해 위기 상황이 있었지만, 다행히 다른 사람들의 헌혈을 통하여 무사히 수술을 마치고 건강을 되찾을 수 있었습니다.

이후 소년은 자신을 위하여 도움을 제공한 사람들을 기억하며, 법적으로 헌혈이 가능한 18세부터 꾸준하게 헌혈을 했습니다. 그런데 이 과정에서 의사들은 이 소년의 피에 아주 특이한 항체가 있다는 사실을 발견하게 되었습니다. 그것은 바로 '신생아 용혈병'으로 알려진 'Rh 부적합증'을 치료할 수 있는 항체였습니다.

이 병은 'Rh-' 혈액형을 가진 임산부가 'Rh+' 혈액형을 가진 태아를 임신하면 일어나는 병입니다. 이 경우 첫 번째 임신 때는 문제가 없습니다. 하지만 첫 출산 후 태아의 혈액이 임산부의 혈액 안에 들어오면 문제가 생깁니다. 이로 인해 임산부의 몸에 항체가 만들어지게 되어 다음번 임신에서는 Rh+인 태아의 적혈구를 공격하게 되기 때문입니다. 이로 인해 당시 호주에는 수천 건에 달하는 유산, 사산, 태아의 뇌 손상의 문제가 발생하고 있었습니다. 그런데 제임스 해리슨 씨의 피에는 이러한 문제를 해결할 수 있는 항체가 있었던 것입니다.

자신의 피로 아기들의 생명을 살릴 수 있다는 것을 알게 된 소년은 그 후로 결심을 하고 60년이 넘는 동안 1,000번이 넘는 헌혈을 했습니다. 한 마디로 목숨을 걸고 헌혈을 한 것입니다. 이를 기념해서 호주 시민들은 그에게 명예 훈장을 수여하고, '황금 팔을 가진 사나이'라는 칭호를 주었습니다.

2013년 그는 마지막으로 1,173번째 헌혈을 했습니다. 호주에서는 81살 이후에는 헌혈을 할 수 없기 때문입니다. 이제는 노인이 된 제임스 해리슨 씨 덕분에 살아난 아기의 숫자는 자그마치 240만 명이 넘습니다. 이 얼마나 감동적인 이야기입니까?

그러나 제임스 해리슨 씨의 피가 아무리 위대하여도 '사람의 죄'를 없앨 수는 없습니다. 그런데 예수님의 피는 인간의 죄 문제를 해결하여 지옥에 갈 영혼을 영원한 천국으로 인도할 수 있으니 이분의 피보다 더 놀라운 피입니다. 이것이 가능한 이유는 예수님의 피는 죄가 하나도 없는 하나님의 아들의 피이기 때문입니다.

그래서 우리는 예수님의 피가 이토록 '보배로운 피'이기 때문에 '보혈'(寶血)이라고 부르는 것입니다. 이 피로 예수님은 지금까지 수없이 많은 사람의 영혼을 구원하여 천국으로 인도했습니다.

05

당신은 | 부활을 믿는가?

당신은 부활을 믿는가?

"장사한 지 사흘 만에 죽은 자 가운데서 다시 살아나시며"

I. 부활에 대한 믿음

기독교 신앙에 있어서 부활은 대단히 중요한 주제입니다. 만약 이 부활이 사실이 아니고 가짜로 판명된다면 기독교 신앙은 그 자리에서 무너져 버릴 것입니다. 바울은 다음과 같이 말했습니다.

"그리스도께서 만일 다시 살아나지 못하셨으면 우리가 전파하는 것도 헛것이요 또 너희 믿음도 헛것이며 또 우리가 하나님의 거짓 증인으로 발견되리니 우리가 하나님이 그리스도를 다시 살리셨다고 증언하였음이라"(고전 15:14-15).

로마 시대 교부 성 어거스틴도 "부활의 기적이 없다면 나는 기독교 신자가 되지 않았을 것이다"라고 말했습니다. 기독교와 다른 종교의 가장 큰 차이점은 기독교에는 부활이 있다는 것입니다. 교회에 가면 복음을 강조합니다. 복음을 받아들여야 한다고 이야기하고, 복음을 전해야 한다고 이야기합니다. 바울이 강조한 복음이 무엇입니까?

> "내가 받은 것을 먼저 너희에게 전하였노니 이는 성경대로 그리스도께서 우리 죄를 위하여 죽으시고 장사 지낸 바 되셨다가 성경대로 사흘 만에 다시 살아나사"(고전 15:3-4).

'그리스도께서 우리를 위해 죽으시고 다시 살아나셨다'는 것이 바로 복음의 핵심입니다. 제자들이 목숨 걸고 전한 것이 바로 이 복음이었습니다. 복음은 영어로 'Good News'입니다. '좋은 소식', '기쁜 소식'이라는 말입니다.

이것이 왜 좋은 소식이냐 하면 예수님의 죽으심과 부활로 죄 문제가 해결되었고 죽음의 공포가 극복되었기 때문입니다. 예수 그리스도가 다른 종교 지도자들과 근본적으로 다른 점이 바로 이 부분입니다.

이 세상의 종교 지도자들 가운데 지금도 살아 있는 사람이 있습니까? 아무도 없습니다. 그들의 가르침은 지금도 사람들에게 어느 정도 영향을 주고 있지만 그들 자신은 이미 죽은 사람들입니다. 그러므로 사람들은 그들의 이름으로 기도를 하거나 복을 빌지 않습니다. 그러나 기독교에서는 기도 끝에 "예수님의 이름으로 기도합니다"라고 이야기합니다. 그 이유는 예수 그리스도가 지금도 살아계셔서 우리의 기도를 듣고 응답하시기 때문입니다.

II. 부활에 대한 증거

여러분은 예수님의 부활에 대하여 확신합니까? 사도신경에는 "장사한 지 사흘 만에 죽은 자 가운데서 다시 살아나시며"라고 고백합니다. '다시 살아나셨다'라는 말 앞에 '장사한 지 사흘 만에'라는 말을 덧붙이는 이유는 부활은 명백한 역사적 사실이라는 것을 강조하기 위해서입니다. 즉 예수님은 역사의 한 시점에서 분명히 죽었다가 다시 살아나신 분이라는 사실을 말해주기 위함입니다. 예수님은 대충 기절했다가 시간이 지나서 살아나신 것이 아닙니다. 확실히 죽은 상태에서 다시 살아나신 것입니다.

당시 예수님을 고소하던 자들은 예수님이 자신을 '왕'이라고 주장했다고 이야기했습니다. 이는 예수님이 '정치적으로 대단히 위험한 자'라는 뜻입니다. 그러므로 이러한 사람을 제대로 처형하지 못해서 다시 살아나게 만들었다면 사형 집행을 했던 로마 군사들은 목숨을 부지하기 어려웠을 것입니다. 그러므로 그들은 예수님의 죽음을 분명히 확인하고 십자가에서 내렸습니다. 요한은 그 상황을 다음과 같이 묘사합니다.

"군인들이 가서 예수와 함께 못 박힌 첫째 사람과 또 그 다른 사람의 다리를 꺾고 예수께 이르러서는 이미 죽으신 것을 보고 다리를 꺾지 아니하고 그중 한 군인이 창으로 옆구리를 찌르니 곧 피와 물이 나오더라"(요 19:32-34).

당시 십자가를 지키던 군인들은 사람을 죽이는데 전문가들이었습니다. 그들은 예수님이 죽은 것을 보고도 확인하기 위해 창으로 옆구리를 찔러 보았습니다. 그때 피와 물이 나왔다고 성경은 기록하고 있습니다. 여기에 대해 의학적으로 연구한 사람이 있습니다. 의사인 톰슨(E.

Symes Thompson)이라는 분입니다. 그가 내린 결론은 예수님의 옆구리를 찔렀을 때 피와 물이 나왔다는 것은 예수님이 이미 사망했음을 의미하는 것이라는 것입니다.

예수님이 살아 있었다면 동맥에서 맑은 피가 솟구쳐 나와야 했습니다. 그런데 물과 피가 나왔다는 것은 이미 사망하여 심장이 정지하였고 이로 인해 심낭으로 몰린 피가 응고되어 창으로 찔렀을 때 분리된 핏덩어리가 혈청과 함께 나왔다는 것입니다.[45]

이러한 증거를 보더라도 예수님은 십자가 위에서 확실히 생명을 잃은 것이 분명합니다. 또한 예수님의 무덤에는 무거운 돌이 굴려져 있었고 그 돌은 밀랍으로 인봉이 되어 있었습니다. 로마의 법 아래에서는 '돌을 인봉하는 것'은 우리가 생각하는 것 이상으로 엄중한 의미가 있었습니다. 이 봉인을 찢는 사람은 누구든 죽음을 각오해야 했습니다. 그것은 황제의 얼굴에 침을 뱉는 것과 같은 행위로 인식되었기 때문입니다.[46]

이러한 엄중한 봉인 외에도 로마의 경비대가 무덤을 지키고 있었습니다. 이에 대해 에릭 메탁사스(Erick Metaxas)는 다음과 같이 말합니다.

> "경비대는 병사 한 명이 지키고 있었다는 의미가 아니다. 공식적으로 경비대는 16명이 한 팀이고 교대로 4명씩 서 있고, 나머지 12명은 서 있는 4명의 병사 주위에 반원형으로 앉아 있다. 그러니 누가 16명의 무장한 병사들을 통과해서 거대한 돌을 굴리고 시신을 훔쳐 나올 수 있겠는가? 말이 안 되는 소리다."[47]

당시 경비병들은 엄한 군율을 가진 군인들이었습니다. 로마 군율은 죄수가 도망가면 파수 보는 자가 대신 죽어야 하는 것이었습니다. 그러므로 가장 잘 훈련된 로마 군인들이 지키는 상황에서 예수님이 매장된 무덤에는 누구든지 접근하는 것이 불가능했을 것입니다.[48]

하나님께서 예수님이 로마 시대에 이렇게 죽임을 당하게 하신 데는 깊은 뜻이 있습니다. 그것은 당시 그 누구보다도 엄격한 로마 군사들의 감시와 통제하에서 예수님의 죽음이 확인되고, 장사된 지 사흘 만에 부활하게 하심으로 온 세상 사람들이 의심 없이 이 사실을 믿을 수밖에 없도록 하신 것입니다.

이렇게 예수님은 십자가 위에서 기절하거나 죽은 체하다가 살아난 것이 아니라 분명히 죽어서 무덤에 장사되었다가 다시 살아나셨습니다. 예수님이 '장사된 지 사흘 만에 죽은 자 가운데서 다시 살아나셨다'라는 말 속에는 이런 깊은 의미가 담겨 있습니다.

예수님의 부활을 확신할 수 있는 또 하나의 분명한 증거로는 예수님 자신의 예언이 있습니다. 예수님은 자신이 '고난을 겪고 죽임을 당하지만 사흘 만에 살아나리라'고 예언하셨습니다. 그러므로 예수님은 운이 나빠서, 우연히 로마 군인에게 붙잡혀서 돌아가신 것이 아닙니다. 그분은 자신의 죽음과 부활을 정확히 알고 계셨습니다.

"이 때로부터 예수 그리스도께서 자기가 예루살렘에 올라가 장로들과 대제사장들과 서기관들에게 많은 고난을 받고 죽임을 당하고 제 삼일에 살아나야 할 것을 제자들에게 비로소 나타내시니"(마 16:21).

예수님은 자신이 예루살렘에 올라가면 십자가를 지게 될 것과 죽음 이후에 부활의 사건이 있을 것을 아셨습니다. 그래서 서기관과 바리새인이 예수님에게 표적을 보여달라고 했을 때도 예수님은 다음과 같이 말씀하셨습니다.

"예수께서 대답하여 이르시되 악하고 음란한 세대가 표적을 구하나 선지자 요나의 표적 밖에는 보일 표적이 없느니라 요나가 밤낮 사흘 동안 큰 물고기 뱃속에 있었던 것 같이 인자도 밤낮 사흘 동안 땅 속에 있으리라"(마 12:39-40).

이 땅에서 예수님은 많은 기적을 행하였지만 그중에 가장 위대한 기적이 바로 부활의 기적입니다. 그러므로 예수님은 기적을 보여주어도 끝까지 믿지 않는 서기관과 바리새인들에게 최고의 기적으로 그분의 부활을 보여주겠다고 말씀하신 것입니다. 여러분은 이 부활의 진실성을 믿습니까? 김영봉 목사님은 이런 말을 하였습니다.

"예수님에게 일어난 기적들과 그분이 행한 기적들 중에서 역사적 정황 증거로 그 역사성을 입증할 수 있는 것이 있는데 그것이 바로 부활입니다."[49]

요나의 기적

이 말이 무슨 뜻일까요? 예수님이 행하신 기적 중에 가장 놀라운 기적이 바로 부활의 기적입니다. 죽은 자가 살아났기 때문입니다. 그러므로 일반적으로 사람들은 예수님이 행하신 기적 중에 가장 믿기 힘든 것이 부활의 기적이라고 생각합니다. 그러나 사실은 그 반대라는 것입니다. 그 이유는 부활이 유일하게 역사적 증거가 남아 있기 때문입니다.

가령 예수님이 물 위를 걸으셨다고 하지만 그 증거는 지금 남아 있지 않습니다. 예수님이 보리떡 다섯 개와 물고기 두 마리로 5천 명을 먹였다고 하는 오병이어의 기적도 지금은 아무런 증거가 남아 있지 않습니다. 그때 사람들이 그 빵과 물고기를 다 먹어 버렸기 때문입니다. 물론 다 먹고 12 광주리가 남았지만 그것도 얼마 지나서 다 먹어 버렸습니다. 병들었던 사람들도 많이 고쳐 주었지만 그들도 모두 다 죽어 버렸습니다.

그러나 부활은 지금도 증거가 남아 있습니다. 그 증거가 무엇입니까? 바로 역사적 정황이 증거가 됩니다. 예수님이 십자가에 못 박힐 때 도망

갔던 제자들이 사흘 후 주님의 부활을 목격하고 이를 전하기 위해 목숨을 바쳐 순교했습니다. 이것은 역사적으로 기록이 다 남아 있습니다. 그들이 그렇게 한 이유가 무엇일까요? 다른 이유가 없습니다. 그들이 부활하신 예수님을 직접 보았기 때문입니다.

또한 예수님 믿는 사람들을 목숨 걸고 쫓아다니며 핍박했던 사도 바울이 하루아침에 전도자가 되어 신약 성경의 절반을 기록하고 순교까지 했습니다. 그 이유도 분명합니다. 사도 바울 자신이 고백한 것처럼 그가 부활하신 예수님을 직접 만났기 때문입니다. 팀 켈러는 다음과 같이 말합니다.

"유대인들은 단 하나의 초월적이고 사적인 신을 믿었다. 그들에게 어떤 인간을 숭배해야 한다고 제안하는 것은 절대적인 신성모독이었다. 그럼에도 불구하고 수백 명의 유대인들이 그야말로 하룻밤 사이에 예수를 숭배하기 시작했다. … 유대인들의 그 모든 저항을 뚫고 과연 무슨 어마어마한 사건이 벌어진 걸까? 그들이 만약 예수의 부활을 봤다면 설명이 될 것이다. 다른 어떤 역사적 해답이 그걸 설명할 수 있겠는가?"[50]

어떤 사람은 예수님이 돌아가시고 난 뒤 제자들이 너무 마음이 슬퍼 환각에 빠져 부활하신 예수님을 본 것으로 착각을 했다고 주장합니다. 물론 사람이 너무 슬프거나 그리움에 빠지면 잠시 헛것을 볼 수도 있습니다. 그러나 예수님의 경우에는 상황이 완전히 다릅니다. 예수님은 각각 다른 시간, 다른 장소에서 나타나셨고, 심지어는 500명이 넘는 사람들 앞에서 나타나신 때도 있었습니다(고전 15:6). 그러나 40일이 지나서 승천하신 뒤에는 전혀 나타나지 않았습니다. 다음은 심리학자인 게리 콜린스(Gary R. Collins) 박사가 한 말입니다.

"환상이라는 것은 개인적인 것입니다. 그 본질상 한 번에 한 사람만이 볼 수 있습니다. 집단적으로 목격하는 것은 절대로 환상이 아닙니다. 한 사람이 어떤 식으로든 영향을 미쳐서 다른 사람이 환상을 보도록 유도하는 것은 불가능합니다. 환상은 오직 주관적이고 개인적인 의미에서만 존재하기 때문에 다른 사람은 절대로 볼 수 없습니다."[51]

예수님을 그리워하다가 환상을 보았다는 주장을 하려면 바울의 경우는 더욱 설명하기가 어렵습니다. 바울은 예수님의 죽음을 슬퍼하는 상황에 있지 않았고 오히려 예수님을 믿는 사람들을 핍박하고 있었습니다. 그러므로 그는 예수님이 부활하신 모습을 환상으로 볼 가능성이 전혀 없는 사람이었습니다. 그런 그가 부활하신 예수님을 보았다고 주장하며 목숨 걸고 전도하다가 순교하였습니다. 이처럼 강력한 증거가 어디에 있겠습니까?

그 외에도 안식일이 토요일에서 일요일로 바뀐 것이나 교회가 새롭게 탄생한 것도 강력한 부활의 증거입니다.

그러므로 이런 여러 가지 정황으로 볼 때 예수님의 부활은 분명히 역사적으로 일어난 사건이라는 사실을 알 수가 있습니다. 그래서 부활은 예수님의 여러 가지 기적 중 유일하게 역사적인 정황으로 증명이 되는 놀라운 기적인 것입니다.

III. 예수님의 부활이 주는 의미

그렇다면 예수님의 부활이 우리에게 주는 의미는 무엇일까요? 제라드 크리스핀은 만약 예수님이 부활하지 않았고 지금까지 죽은 상태로 있다면 그 결과는 다음과 같은 것이라고 이야기합니다.

"예수님은 가장 좋게 보아도 잘못된 길을 간 것이 되고, 최악의 경우로 보면 속이는 자가 된 것이다. 무오하고 의로우신 하나님의 아들이 절대로 아니다. 자신을 하나님으로 주장하는 예수님의 말은 공허한 것이다. 성경은 하나님의 말씀이 아닐 것이다. 성경은 도서관의 소설 코너에 두어야 할 것이다. 기독교는 단순한 행위규약이나 율법적 계율에 불과할 것이다. 절대로 평강과 기쁨과 생명을 제공하는 종교가 아닐 것이다. 죽음은 끝없는 끝이 되고 말 것이다. 죽음은 절대로 극복하지 못할 것이다. 은혜가 없으면 삶은 일장춘몽이 되고, 생각하는 것조차 두려울 정도로 죽음에 대한 두려움이 크게 지배할 것이다. 부활하신 구주가 없다는 것은 단순히 죄인들에게는 지옥이 없다는 것이 아니라 천국이 없다는 것을 의미한다는 것을 명심하라. 그것은 하나님이 우리를 위해 구주를 보내지 아니하신 것을 의미한다."[52]

그렇습니다. 예수님이 십자가에서 죽으신 것으로 끝나고 부활하지 않았다면 그분은 구세주가 될 수 없습니다. 그분이 구세주가 아니라면 우리가 믿는 바에 있어서 모든 것이 달라집니다. 우리에게는 천국도 없고, 영생도 없고, 구원도 없게 됩니다. 그러나 반면에 그분의 부활이 사실이라면 그로 인해 예수님이 하나님의 아들이라는 것이 증명이 되는 것이고, 인류에게는 영원한 소망이 생기게 되는 것입니다.

기독교의 핵심은 예수님이 과연 어떤 분이었는가 하는 것입니다. 그분이 하나님의 아들이라는 것이 성경의 주장입니다. 그리고 그것을 확증하는 것이 예수님의 부활입니다. 부활 때문에 우리는 그분이 하나님의 아들이라는 것을 확실히 믿을 수 있는 것입니다. 성경은 다음과 같이 말합니다.

"그의 아들에 관하여 말하면 육신으로는 다윗의 혈통에서 나셨고 성결의 영으로는 죽은 자들 가운데서 부활하사 능력으로 하나님의 아들로 선포되셨으니 곧 우리 주 예수 그리스도시니라"(롬 1:3-4).

예수님이 부활하심으로 그분이 하나님의 아들로 온전히 선포된 것입니다. 그리고 그분 자신이 본인의 주장대로 길이요 진리요 생명인 것을 우리가 확신할 수 있게 된 것입니다. 잭 클레모(Jack Clemo)는 다음과 같은 멋진 말을 말했습니다.

"진리는 그 처형대에 영원히 남아 있지 않으셨다. 진리는 처형대에서 내려와 무덤에서 나와 구운 생선을 잡수셨다."

이런 이야기가 있습니다. 어느 날 프랑스의 철학자 오귀스트 콩트

(Auguste Comte)와 영국 역사가 토마스 칼라일(Thomas Carlyle)이 대화를 나누고 있었습니다. 대화 도중에 콩트는 자신은 새로운 종교를 만들 작정이며 그 종교로 기독교를 흔적조차 없이 사라지게 할 것이라고 말했습니다. 이에 대한 칼라일의 대답은 다음과 같은 것이었습니다.

"그래요, 멋지군요. 그러려면 당신은 그 어느 누구도 하지 못한 말을 하고, 그 어느 누구도 살지 못한 삶을 살다가 처형을 당한 후 3일 만에 다시 살아나서 온 세상 사람들에게 당신이 여전히 살아 있다는 것을 믿게 하여야 할 겁니다. 그렇게만 된다면 당신의 새 종교는 성공할 가능성이 좀 있을 것입니다."[53]

이 말을 듣고 콩트는 입을 다물었다고 합니다. 무슨 말입니까? 인류 역사상, 예수님처럼 말하고, 예수님처럼 살고, 예수님처럼 죽은 사람은 없었다는 것입니다. 더구나 예수님처럼 죽음에서 살아난 뒤 그 사실을 사람들이 믿게 된 경우도 없었다는 것입니다.

공자도 무덤이 있고 마호멧도 무덤이 있고 부처도 무덤이 있는데 예수님의 무덤은 비어 있습니다. 그것은 예수님이 죽었다가 살아났기 때문입니다. 그의 부활이 바로 그가 자신이 말한 대로 인류를 구원하기 위해 오신 메시아라는 강력한 증거가 됩니다. 이것이 왜 중요합니까? 예수 그리스도의 부활이 사실이라면 우리는 풀리지 않는 다음과 같은 인생의 수수께끼에 대한 답을 얻을 수 있습니다.

"인생은 과연 어디로 가는 것인가? 인생은 그 자체로 의미와 목적이 있는가? 죽음으로 인생은 끝이 나는가? 죽음 이후에 다음 세상이 있는가? 우리에게 정말 영생이 있고 천국이 있는가?"

이 모든 것에 대한 답을 우리는 진리이신 예수 그리스도의 부활을 통해서 얻을 수 있습니다. 그러므로 부활이야말로 인류 역사상 가장 위대한 사건입니다. 기억하십시오. 예수님은 무덤에서 죽음을 이기고 살아났습니다. 그래서 주님의 죽음은 '죽음을 죽이는 죽음'이 되었습니다.

사도신경은 우리가 예수 그리스도의 부활을 '믿음으로 고백하기를' 요구합니다. 여러분은 어떻습니까? 예수님께서 십자가에 못 박히시고 사흘 만에 죽은 자 가운데서 다시 살아나신 것을 믿습니까? 성경은 우리가 그 사실을 믿으면 구원을 얻을 것이라고 분명하게 말씀하고 있습니다.

"네가 만일 네 입으로 예수를 주로 시인하며 또 하나님께서 그를 죽은 자 가운데서 살리신 것을 네 마음에 믿으면 구원을 받으리라 사람이 마음으로 믿어 의에 이르고 입으로 시인하여 구원에 이르느니라"(롬 10:9-10).

죽음을 죽이는 주님의 죽음

인류 역사상 수많은 일이 있었지만 가장 위대한 세 가지 사건이 있었습니다. 하나님의 아들인 예수 그리스도가 인간의 몸으로 오신 성육신 사건, 그분이 인간의 죄를 대신하여 십자가 위에서 죽으신 사건, 그리고 그분이 장사한 지 사흘 만에 다시 살아나신 부활 사건.

이 세 가지 사건이야말로 인류 역사에 엄청난 영향을 끼친 영원한 의미를 지닌 사건이 되었습니다. 그리스도인이란 무엇입니까? 바로 이 세 가지 사건을 믿고, 이 놀라운 소식을 온 세상 사람들에게 전하는 사람들입니다.

"엄밀한 의미에서 부활이 없는 기독교는 단지 미완의 기독교가 아니다. 그것은 기독교가 아니다." - 제럴드 오 콜린스

후디니 이야기

여러분은 해리 후디니(Harry Houdini)를 아십니까? 그는 20세기 초 탈출 묘기의 대가로 불렸던 사람입니다. 그는 물속에서 나무상자를 탈출하는 묘기도 부렸고, 최신식 은행 금고에서 탈출하기도 했으며, 그 누구도 나올 수 없는 최고의 감옥에서 탈출하기도 했습니다. 그래서 사람들은 "지구상의 어떤 것도 후디니를 감금하지 못한다"라는 말을 했습니다.

당시 그가 얼마나 유명한 사람이었던지 조지 버나드 쇼는 역사상 가장 유명한 세 사람의 이름으로 '예수 그리스도와 명탐정 셜록 홈스, 후디니'를 들었을 정도입니다. 그런데 후디니가 한참 전성기로 이름을 날리고 있을 때 갑자기 죽게 되었습니다. 어떻게 죽었을까요? 언뜻 생각하기에는 탈출 묘기를 하다가 실수로 죽었을 것 같지만 그렇지 않습니다. 너무 어처구니없이 죽게 되었습니다.

그때가 1926년이었는데 몬트리올의 맥길 대학교에서 대학생 두 명이 인터뷰를 하기 위해 후디니를 찾아왔습니다. 그런데 후디니는 당시 "누구든지 나의 배를 때려도 참아 낼 수 있다"라고 큰소리친 적이 있었습니다. 그래서 인터뷰하러 온 학생 중 한 명이 정말로 배에 일격을 가해도 견딜 수 있느냐고 물었고 후디니는 그렇다고 대답했습니다. 그런데 마침 그 학생은 아마추어 권투선수였습니다. 당시 후디니는 아직 준비되지 않은 상태였는데 그 학생이 순간적으로 후디니의 배를 가격함으로 말미암아 맹장이 터져 결국 복막염으로 사망하고 말았습니다. 당시 후디니의 나이 52세였습니다.

탈출의 명수 후디니가 죽기 전에 했던 말이 있습니다. "사후 세계가 있다면 그곳에서 탈출해 보이겠다." 이것이 해리 후디니가 남긴 말입니다. 그러나 그것은 그의 바람이었을 뿐 그가 죽은 지 100년 가까이 되어 가는데 그는 아직 살아서 돌아오지 못했습니다. 생전에 아무리 위대한 탈출의 명수였던 후디니라도 죽음에서만은 탈출할 수 없었던 것입니다.

그러나 반면에 죽음의 자리에서 살아나서 당당히 돌아온 분이 있습니다. 바로 예수 그리스도입니다. 예수님은 십자가 위에서 손과 발이 못에 찔려 처참하게 죽었고, 로마 병정들이 옆구리에 창을 찔러 그의 죽음을 확인하였습니다. 그리고 무거운 돌을 굴려 무덤을 인봉하고 눕혔지만 그는 사흘 만에 다시 살아나셨습니다. 그리고 자신이 주장했던 대로 하나님의 아들이심을 증명했습니다. 예수 그리스도는 인류 역사상 유일하게 죽음을 이기고 살아나신 분입니다. 그러므로 우리는 그분을 구세주로 믿고 따르는 것입니다.

06

당신은 │ 재림을 믿는가?

당신은 재림을 믿는가?

*"하늘에 오르사 전능하신 하나님 우편에 앉아 계시다가 저리로서 산 자와
죽은 자를 심판하러 오시리라"*

I. 예수님의 승천

성경은 부활하신 예수님이 승천하셨고 언젠가는 다시 이 세상을 심
판하러 오실 것이라고 이야기합니다. 그래서 사도신경도 예수님이 "하
늘에 오르사 전능하신 하나님 우편에 앉아 계시다가 산 자와 죽은 자를
심판하러 오실 것"이라고 이야기합니다. 예수님은 제자들 앞에서 바로
하늘로 올리어 가셨습니다. 디모데전서에서는 이를 "영광 가운데서 올
려지셨느니라"라고 표현하고 있습니다.

> "크도다 경건의 비밀이여, 그렇지 않다 하는 이 없도다 그는 육신으로 나타
> 난 바 되시고 영으로 의롭다 하심을 받으시고 천사들에게 보이시고 만국에서
> 전파되시고 세상에서 믿은 바 되시고 영광 가운데서 올려지셨느니라"(딤전
> 3:16).

왕의 대관식

왜 예수님의 승천을 '영광 가운데서 올려지신 것'으로 표현했을까요? 그것은 예수님의 승천은 일종의 왕으로서의 대관식의 의미를 갖기 때문입니다.

물론 예수님은 인간으로 오시기 전에도 왕이었지만 우리를 위해 고난을 받기 위해 잠시 왕관을 내려놓고 이 땅에 와서 가시관을 쓰셨습니다. 그런 예수님이 이제 죽음을 이기고 부활하셔서 하늘로 오르심으로 당당히 온 우주를 다스리는 왕으로 취임하신 것입니다. 싱클레어 B. 퍼거슨과 데릭 W. H. 토마스는 『익투스』라는 책에서 다음과 같이 말합니다.

"승천은 예수님의 왕권에 관한 것이다. 예수님은 오래도록 맹렬한 전투를 치르셨고, 마침내 승리를 입증하셨다. 죄를 해결하셨고, 무덤을 이기셨으며, 어둠의 세력을 패배시키셨다. 그리고 이제 왕좌에 오르신다. 천사들이 그분께 절하기 위해 기다린다. 왕좌로 가는 승전행진이 이루어질 때, 영광의 구름이 그분을 보좌한다."[54]

성경에도 여러 곳에서 주님의 승천이 영광이 된다는 사실을 이야기합니다.

"그는 하늘에 오르사 하나님 우편에 계시니 천사들과 권세들과 능력들이 그에게 복종하느니라"(벧전 3:22).

"이는 하나님의 영광의 광채시요 그 본체의 형상이시라 그의 능력의 말씀으로 만물을 붙드시며 죄를 정결하게 하는 일을 하시고 높은 곳에 계신 지극히 크신 이의 우편에 앉으셨느니라"(히 1:3).

예수님이 승천하셨다는 것은 자신의 사명을 완성하셨다는 의미이며, 이제 이 땅에서 받아야 할 모든 수고와 고통을 끝내셨다는 것을 의미합니다. 특별히 예수님께서 하나님 보좌 우편에 '앉으셨다'는 것이 중요합니다. 구약에서는 제사장들은 사역하는 동안에는 결코 앉을 수가 없었습니다.

"제사장마다 매일 서서 섬기며 자주 같은 제사를 드리되 이 제사는 언제나 죄를 없게 하지 못하거니와 오직 그리스도는 죄를 위하여 한 영원한 제사를 드리시고 하나님 우편에 앉으사"(히 10:11-12).

제사장마다 '매일 서서' 섬겨야 했습니다. 구약에 나오는 제사장들은 성막 안에서 일을 할 때는 의자에 앉을 수가 없었습니다. 앉을 의자도 없었을뿐더러, 그들의 사명은 완성되지 못하고 매일 계속되어야 했기 때문입니다. 제사를 드리는 일은 매일 매일 동물을 잡아 죽이는 일이었습니다. 동물이 한두 마리 죽는다고 끝날 일이 아니었습니다. 동물로는 인간의 죄에 대한 핏값이 완전히 치러질 수 없었기 때문에 제사는 계속되어야 했습니다. 언제까지 계속되어야 했을까요? 예수님이 오실 때까지입니다.

결국 예언된 대로 예수님이 오셔서 단번에 자신의 몸을 완전한 제물로 드렸습니다. 이로 인해 이제 더 이상의 제사가 필요 없게 되었습니다. 그래서 예수님은 하나님 보좌 우편에 '앉을 수가' 있었던 것입니다. 그러므로 여기서 '앉았다'라는 말은 '임무를 완수했다'라는 뜻입니다. 이와 동시에 우편에 앉았다는 것은 '능력 있는 자리에 올랐다'라는 것을 의미합니다. 원래 우측은 능력, 영예 등을 상징합니다. 그러므로 예수님이 하나님 우편에 앉으셨다는 말은 능력과 영광과 권세를 받으셨다는 말입니다. 그 능력을 가지고 예수님이 지금 하시는 일이 무엇입니까? 콜린 스미스(Colin S. Smith)는 다음과 같이 말했습니다.

"'예수께서 그들을 데리고 베다니 앞까지 나가사 손을 들어 그들에게 축복하시더니 축복하실 때에 그들을 떠나 [하늘로 올려지시니] (누가복음 24:50-51).' 제자들이 본 예수님의 마지막 모습은 손을 들어 축복해 주시는 모습이었다. 그리스도께서는 십자가 구원 사역을 마치셨다. 그러나 제자들에게 복을 주는 사역은 승천하시는 중에도 계속되었다. 그들의 마음과 정신에는 그리스도께서 승천하시는 모습이 뇌리에 낙인처럼 찍혔을 것이다. 지금도 그리스도께서는 아버지 우편에서 자기 백성을 축복하신다."[55]

예수님은 우리를 축복하는 모습으로 하늘에 올라 가셨으며 지금도 하나님의 우편의 자리인 능력의 자리에 앉으셔서 우리를 축복하고 계십니다. 바로 우리를 위해 날마다 중보기도 해 주시는 것입니다.

예수님의 중보기도

"누가 정죄하리요 죽으실 뿐 아니라 다시 살아나신 이는 그리스도 예수시니 그는 하나님 우편에 계신 자요 우리를 위하여 간구하시는 자시니라"(롬 8:34).

"그러므로 자기를 힘입어 하나님께 나아가는 자들을 온전히 구원하실 수 있으니 이는 그가 항상 살아 계셔서 그들을 위하여 간구하심이라"(히 7:25).

얼마나 마음 든든한 일입니까? 최고의 능력을 가진 예수님이 지금도 우리를 위해 중보하고, 축복하고, 기도해 주신다니 얼마나 감사하고 위로가 됩니까? 사도신경은 그 예수님이 앞으로 '산 자와 죽은 자를 심판하러' 오실 것이라고 이야기합니다.

II. 다시 오실 예수님

성경이 꾸준히 강조하고 있는 것은 예수님이 언젠가는 다시 오신다는 것입니다. 이 재림의 경고를 무시하면 안 됩니다. 성경을 자세히 살펴보면 예수님의 재림에 관한 예언이 무척 많이 있습니다. 심지어는 예수님의 초림에 관한 예언보다 재림에 관한 예언이 두 배나 더 많습니다. 신약 성경은 총 216장인데 300절이 넘는 곳에서 예수님의 재림에 관해 언급하고 있습니다. 이 말은 신약 성경에서 13절마다 한 번씩 주님이 다시 오실 것에 대해 말씀하고 있다는 것을 의미합니다.[56]

그렇다면 예수님이 재림하실 때 어디로 오실까요? 그것도 성경에 나와 있습니다. 성경 말씀에 따르면 예수님이 다시 오실 때는 하늘로 가심을 본 그대로 오신다고 천사들이 말했습니다. 그런데 예수님이 하늘로 올라가신 장소가 바로 감람산입니다. 그래서 오시는 곳도 감람산입니다.

"그날에 그의 발이 예루살렘 앞 곧 동쪽 감람산에 서실 것이요 감람산은 그 한 가운데가 동서로 갈라져 매우 큰 골짜기가 되어서 산 절반은 북으로, 절반은 남으로 옮기고 그 산골짜기는 아셀까지 이를지라 너희가 그 산골짜기로 도망하되 유다 왕 웃시야 때에 지진을 피하여 도망하던 것 같이 하리라 나의 하나님 여호와께서 임하실 것이요 모든 거룩한 자들이 주와 함께 하리라"(슥 14:4-5).

그렇다면 예수님이 오실 때 어떤 식으로 오실까요? 그것도 예수님이 말씀해 주셨습니다.

"번개가 동편에서 나서 서편까지 번쩍임 같이 인자의 임함도 그러하리라"(마 24:27).

하늘에서 번개가 치면 모든 사람이 그 번개를 볼 수 있습니다. 그런 식으로 예수님도 모든 사람이 알아보는 방법으로 오시겠다는 것입니다. 또한 오실 때는 구름을 타고 오신다고 이야기하셨습니다.

"그때에 인자의 징조가 하늘에서 보이겠고 그 때에 땅의 모든 족속들이 통곡하며 그들이 인자가 구름을 타고 능력과 큰 영광으로 오는 것을 보리라"(마 24:30).

성경에서 구름은 하나님의 임재와 영광을 상징하는 것입니다. 그러므로 구름을 타고 오신다는 말은 예수님께서 영광 가운데 다시 오실 것을 말하는 것입니다. 이단 교주들 가운데는 자신이 '재림 예수'라고 이야기하는 경우가 있습니다. 그러면서 자신이 조롱당하고 무시당하는 것에 대해 예수님이 처음 오셨을 때도 사람들이 몰라보고 핍박하지 않았느냐고 이야기합니다.

그러나 이것은 예수님의 초림과 재림을 구분하지 못하기 때문에 하는 말입니다. 예수님은 초림 때는 어린 아기의 모습으로 마구간에서 태어났습니다. 그때는 고난의 주로 오셨고, 구세주로 오셨기 때문에 사람들의 조롱과 핍박을 참고 견디었습니다. 그러나 재림 때는 결코 그렇게 오시지 않을 것입니다. 재림 때는 심판주로 오시기 때문에 영광 가운데 오실 것입니다. 그래서 초라한 모습의 이단 교주가 자신이 재림주라고 하는 말은 모두 틀린 것입니다.

믿지 않는 사람들은 아직 영광의 주님을 보지 못했습니다. 하지만 이

제 예수님이 재림하실 때 그들은 자신들이 천대하고 무시했던 나사렛 예수가 얼마나 영광스러운 존재인가 하는 것을 깨닫게 될 것입니다. 그때는 빌립보서 말씀이 이루어질 것입니다.

"이러므로 하나님이 그를 지극히 높여 모든 이름 위에 뛰어난 이름을 주사 하늘에 있는 자들과 땅에 있는 자들과 땅 아래에 있는 자들로 모든 무릎을 예수의 이름에 꿇게 하시고 모든 입으로 예수 그리스도를 주라 시인하여 하나님 아버지께 영광을 돌리게 하셨느니라"(빌 2:9-11).

기독교의 역사관은 직선적인 역사관입니다. 이 세상의 역사가 끝없이 반복되는 것이 아니라 종말을 향하여 흘러가고 있다고 보는 것입니다.

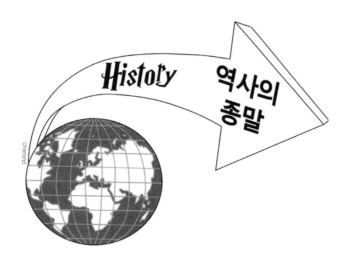

이 역사관에 따르면 이 세상은 하나님으로부터 창조되었지만, 인간의 범죄로 인하여 타락하였습니다. 그러나 예수님이 이 땅에 오심으로 인간 구원의 역사가 시작되었고, 역사의 어느 시점에서 예수님께서 재

림하심으로 인간 구원의 역사가 마무리되며, 하나님께서 선악 간의 모든 일을 심판하심으로써 인류의 모든 역사가 완성되는 것입니다. 저는 이러한 역사관을 믿습니다. 이 세상의 역사가 동일하게 반복되는 것이 아니고 역사의 마지막 종점을 향하여 달려가고 있다고 믿습니다.

여러분, 이 세상을 한번 살펴보십시오. 이 세상이 점점 좋아지는 쪽으로 가고 있는 것 같습니까? 그렇지 않다는 것을 여러분도 아실 것입니다. 전쟁과 난리의 소문은 점점 더 크게 들립니다. 고독과 가난과 질병과 굶주림으로 죽어가는 사람들의 안타까운 소식도 점점 더 많이 들립니다. 가정이 점점 더 많이 해체되고 자살하는 사람들이 더 늘어갑니다. 이 세상은 역사의 마지막 종말을 향하여 지금도 달려가고 있는 것입니다.

마치 성경을 읽을 때 처음 창세기를 읽기 시작했다면 어느 순간엔가 성경의 마지막 책인 요한계시록을 읽을 때가 오듯이 인류 역사도 마침표를 찍을 날을 향하여 달려가고 있는 것입니다. 성경은 인류 역사가 마감하는 그 순간을 주님이 오시는 재림의 순간으로 묘사하고 있습니다. 예수님은 다음과 같이 자신이 오실 것을 약속했습니다.

"이것들을 증거하신 이가 가라사대 내가 진실로 속히 오리라 하시거늘 아멘 주 예수여 오시옵소서"(계 22:20).

사도신경을 신앙으로 고백하는 사람들은 이 사실을 믿고 믿음으로 고백하는 사람들입니다. 역사는 한 시점을 향해 달려갑니다. 바로 예수님의 재림입니다. 그러므로 역사의 진짜 주인공은 예수님입니다. 이 사실을 헬무트 틸리케(Helmut Thielicke)는 다음과 같은 말로 표현하였습니다.

"역사라는 드라마가 막을 내리면 예수 그리스도는 무대에 홀로 서 계실 것이다. 파라오, 알렉산더 대왕, 샤르마뉴대제, 처칠, 스탈린, 마오쩌둥과 같이 역사에서 위대하다고 불렸던 많은 인물은 그때야 자신들이 누군가에 의해 만들어진 한 드라마의 조연에 불과했다는 것을 깨닫게 될 것이다."[57]

그렇다면 주님은 언제 다시 돌아오실까요? 이 질문은 지난 2,000년 교회 역사상 가장 많은 사람이 관심을 가졌던 질문이기도 합니다. 사실상 지금까지 교회 역사상 많은 사람이 주님이 다시 오시는 날짜를 무리하게 계산해서 웃음거리가 되었고, 그로 인해 예수님의 재림에 대해 사람들이 더욱 불신하게 되었습니다. 성경에 따르면 예수님이 언제 오실지는 오로지 하나님만이 아신다고 이야기합니다.

"그러나 그날과 그때는 아무도 모르나니 하늘의 천사들도, 아들도 모르고 오직 아버지만 아시느니라"(마 24:36).

그러나 그렇다고 해서 주님의 재림 시간이 완전히 감추어진 것은 아닙니다. 예수님께서는 재림 때 일어날 일들을 여러 가지로 말씀하셨습니다. 마태복음 24장에 보면 주님은 재림 때 다음과 같은 일들이 일어날 것이라고 말씀하셨습니다.

"많은 사람이 내 이름으로 와서 이르되 나는 그리스도라 하여 많은 사람을 미혹하리라 난리와 난리 소문을 듣겠으나 너희는 삼가 두려워하지 말라 이런 일이 있어야 하되 아직 끝은 아니니라 민족이 민족을, 나라가 나라를 대적하여 일어나겠고 곳곳에 기근과 지진이 있으리니 이 모든 것은 재난의 시작이니라"(마 24:5-8).

이 말씀처럼 자신을 그리스도라고 속이는 거짓 메시아가 지금까지 많이 일어났습니다. 난리와 전쟁의 소문이 더욱 심해지고, 곳곳에 기근과 지진이 더욱 심하게 일어나고 있습니다. 이러한 것을 보면 주님이 다시 오실 때가 정말 가까이 다가왔다는 것을 알 수가 있습니다. 또한 예수님께서는 다음과 같은 말씀을 하셨습니다.

"이 천국 복음이 모든 민족에게 증언되기 위하여 온 세상에 전파되리니 그제야 끝이 오리라"(마 24:14).

이 말씀에 따르면 천국 복음이 모든 민족에게 전해지면 예수님이 오시게 됩니다. 그런데 놀랍게도 이 예언도 거의 다 이루어지고 있습니다.

지난 2,000년간 복음은 놀라운 속도로 퍼져 나갔습니다. 그러므로 성경이 모든 민족의 언어로 번역되고 모든 사람이 복음을 다 듣게 될 날이 그리 멀지 않았습니다. 이는 주님의 재림이 우리가 상상하는 것보다 훨씬 더 빨리 다가올 수도 있다는 말입니다.

세계적으로 유명한 '종말의 시계'(Doomsday Clock)라는 것이 있습니다. 이 시계는 1947년 미국의 핵 개발 사업인 '맨해튼 프로젝트'에 참여했던 과학자들에 의해 창안된 것으로, 핵폭발로 인류가 멸망하는 종말의 날까지 남은 시간을 상징적으로 표시해 주는 시계입니다.

이 종말의 시계는 각종 위기 요소를 측정하여 시각 변경의 기준으로 삼습니다. 핵무기나 테러 확산, 지구 온난화나 지진, 천재지변 등의 영향을 반영해 조정합니다. 이들은 바늘이 자정이 되면 지구가 멸망하는 것으로 봅니다. 그렇다면 지금은 몇 시일까요? 종말의 시계는 2023년 5월을 기준으로 11시 58분 30초를 가리키고 있습니다.

IT IS 90 SECONDS TO MIDNIGHT

종말 90초 전

'자정 1분 30초 전'입니다. 이것은 믿는 사람들이 만든 시계가 아닙니다. 믿지 않는 사람들이 만든 시계입니다. 이들이 보기에도 지금 이 시대의 상황이 '종말 90초 전'이라는 것입니다.

III. 예수님의 심판

예수님께서 이 땅에 재림하신다면 오셔서 하시는 일은 무엇일까요? 예수님은 이 세상을 심판하는 일을 하십니다. 하나님은 예수님에게 심판하는 권세를 주셨습니다. 요한복음을 읽어 보겠습니다.

"아버지께서 자기 속에 생명이 있음 같이 아들에게도 생명을 주어 그 속에 있게 하셨고 또 인자됨으로 말미암아 심판하는 권한을 주셨느니라 이를 놀랍게 여기지 말라 무덤 속에 있는 자가 다 그의 음성을 들을 때가 오나니 선한 일을 행한 자는 생명의 부활로, 악한 일을 행한 자는 심판의 부활로 나오리라"(요 5:26-29).

사람이 나이가 들어 죽게 되면 그것으로 끝나는 것이 아닙니다. 예수님은 때가 되면 무덤 속에 있는 모든 자를 불러내십니다. 그런데 어떤 사람은 생명의 부활로 어떤 사람은 심판의 부활로 나온다고 성경은 말합니다. 여러분은 어떤 부활로 나오고 싶으십니까? 성경은 다음과 같이 말합니다.

"환난을 받는 너희에게는 우리와 함께 안식으로 갚으시는 것이 하나님의 공의시니 주 예수께서 자기의 능력의 천사들과 함께 하늘로부터 불꽃 가운데에 나타나실 때에 하나님을 모르는 자들과 우리 주 예수의 복음에 복종하지 않는 자들에게 형벌을 내리시리니"(살후 1:7-8).

예수님이 불꽃 가운데서 나타나셔서 '하나님을 모르는 자들과 예수의 복음에 복종하지 않는 자들'에게 형벌을 내리신다고 이야기합니다. 복음은 참으로 '기쁜 소식'이지만 복음을 끝까지 받아들이지 않는 사람에게는 예수님이 다시 오신다는 소식은 참으로 '나쁜 소식'이 될 것입니다. 심판주로 오시는 예수님은 지상에 계실 때 익숙하던 그런 인자한 모습이 아닙니다. 지금까지 이 세상이 알고 있는 예수님은 고난의 예수님이고 구원자 예수님이십니다. 그러나 그 예수님이 심판주로 오시면 지금과는 전혀 다른 모습일 것입니다. 요한계시록에서 요한이 본 예수님의 모습은 다음과 같은 것이었습니다.

"촛대 사이에 인자 같은 이가 발에 끌리는 옷을 입고 가슴에 금띠를 띠고 그의 머리와 털의 희기가 흰 양털 같고 눈 같으며 그의 눈은 불꽃 같고 그의 발은 풀무불에 단련한 빛난 주석 같고 그의 음성은 많은 물 소리와 같으며 그의 오른손에 일곱 별이 있고 그의 입에서 좌우에 날선 검이 나오고 그 얼굴은 해가 힘있게 비치는 것 같더라"(계 1:13-16).

우리가 알던 초라한 예수님의 모습이 아닙니다. 눈이 불꽃 같고 입에서 좌우에 날선 검이 나오는 해 같이 빛나는 예수님의 모습입니다. 이 불꽃 같은 눈으로 우리의 모든 죄를 감찰하시고 판단하신다면 그 앞에서 떨지 않을 사람이 아무도 없을 것입니다.

여러분은 최후의 심판이 없는 것이 좋다고 생각하십니까? 만약 이 세상에 최후의 심판에 대한 개념이 없다면 사람들은 지금보다 훨씬 더 방

계시록의 예수님

종하게 될 것입니다. 자신의 행동에 대하여 궁극적인 책임을 지지 않아도 된다고 생각하면 하나님에 대한 두려움이 없이 더욱더 죄악된 행동에 빠져들게 될 것입니다. 그래서 심판과 지옥은 반드시 있어야 합니다. 찰스 콜슨(Charles Colson)은 다음과 같이 말했습니다.

> "지옥 개념은 우리 삶에 의미를 부여한다. 그것은 우리가 매일 내리는 도덕적 선택들에는 영원한 중요성이 있고, 우리의 행동에는 영원까지 이르는 결과가 따르며, 하나님이 우리의 선택을 진지하게 여기신다고 말해 준다."[58]

오늘날 이 세상에서는 정의가 올바로 서지 못하는 경우가 많습니다. 그러므로 하나님의 공의를 바로 세우기 위해서라도 최후의 심판은 꼭 필요한 것입니다.

IV. 재림을 맞이하는 태도

그렇다면 이 모든 일을 앞둔 우리는 재림을 맞이하면서 어떤 태도를 가져야 할까요? 예수님은 우리에게 "깨어 있으라"라고 말씀하셨습니다.

여기서 "깨어 있으라"는 말은 "잠을 자지 말고 깨어 있으라"는 말이 아닙니다. 늘 영적으로 긴장감을 가지고 살라는 뜻입니다. 오늘날 이 세상은 너무나 바쁘게 돌아가고 있습니다. 그러므로 조금만 긴장을 늦추면 이 바쁘고 분주한 세상에 휩쓸려 영적인 일에 무뎌질 수 있습니다. 또한 우리 주위에 환락과 유혹이 너무나 많습니다. 정신 차리고 있지 않으면 세상의 유혹과 죄악의 덫에 걸려 언제 우리 영혼이 비참한 신세로 전락할지 모릅니다. 그러므로 우리는 늘 깨어 있어야 합니다. 주님과 늘 살아 있는 교제를 할 수 있도록 영적 긴장을 늦추지 말고 살아야 합니다.

"주님의 재림이 얼마나 가까웠습니까?"라고 하는 이 질문에 대한 가장 적절한 대답은 다음과 같습니다. "어제보다 하루 더 가까워졌습니다."[59] 그렇습니다. 우리가 의식하든 하지 않든 주님의 재림은 어제보다 하루 더 가까워졌습니다. 그러므로 우리는 영적으로 늘 깨어 있어야만 합니다. 성경에 나오는 열 처녀가 기름을 준비해 놓았듯이 신랑 되신 예수님이 언제 오실지 모르니 늘 준비하는 삶의 태도로 살아야 합니다. 이런 사람들에게 주님의 재림은 도둑같이 찾아오지 않을 것입니다.

> "그리스도의 재림에 대한 기대와 갈망이 모든 그리스도인의 소매에 배지처럼 꽂혀 있다." - 존 트랩

섀클턴 이야기

여러분은 전설적인 영웅 어니스트 섀클턴(Earnest Henry Shackleton) 경에 대하여 알고 계십니까? 1915년 남극 탐험 중 배가 침몰하는 바람에 섀클턴을 포함한 28명의 대원이 634일 동안 조난을 당하게 되었습니다. 그러나 섀클턴은 필사적인 노력으로 이러한 극한 상황에서 대원 중 단 한 사람도 잃지 않고 모두 무사히 돌아오게 했습니다. 그 결과 그는 탐험 역사상 가장 위대한 영웅으로 손꼽히게 되었습니다.

남극에서 탈출하는 과정에서 그와 그의 대원들은 최종적으로 엘리펀트 섬이라고 하는 바위투성이의 섬에 도달하게 되었습니다. 그곳은 무인도였고, 먹을 거라고는 섬에 있던 바다표범과 펭귄밖에 없었습니다. 더군다나 구조선이 올 가망은 더더욱 없었습니다. 결국 자신의 대원들을 살려내기 위해 섀클턴은 5명의 대원과 함께 보트를 타고 사우스조지아 섬으로 구조 요청을 하러 가기로 마음먹었습니다.

그것은 목숨을 건 여행이었습니다. 무려 1,300Km나 떨어진 그곳까지 가는 과정에서 그는 7m의 구명보트로 40m가 넘는 파도를 뚫고 나가야 했으며 섬에 도착해서도 별다른 장비도 없이 얼음벽으로 이루어진 산을 넘어가야만 했습니다. 결국 그들은 천신만고 끝에 산을 넘어 마침내 구조를 요청할 사람들을 만나게 되었습니다. 하지만 난관은 남아 있었습니다. 한겨울의 얼음 덩어리로 인하여 구조선이 엘리펀트 섬에 도착하는 데 많은 어려움이 있었던 것입니다.

세 차례의 시도가 실패로 돌아가고 마침내 네 번째 시도에서 배는 조난한 대원들이 기다리고 있는 섬에 무사히 도착하게 되었습니다. 이 과정에서 걸린 시간이 무려 4개월이나 되었습니다. 그런데 섀클턴은 그 섬에 도착하자마자 깜짝 놀라게 되었습니다. 그것은 자신의 대원 22명이 모두 건강한 상태로 살아 있었을 뿐만 아니라 곧바로 배로 떠날 준비를 하고 있었기 때문입니다.

나중에 그는 그들이 어떻게 그렇게 빨리 승선할 수 있었는지를 알게 되었습니다. 그들 가운데 리더의 역할을 맡고 있었던 프랭크 와일드가 매일 아침 9시 30분이 되면 모든 대원을 깨우며 다음과 같이 소리쳤다고 합니다. "기상! 오늘 대장이 올지 모른다."

여러분, 저는 이것이 바로 모든 그리스도인이 가져야 할 태도라고 생각합니다. 지금 역사는 종말로 치닫고 있고 예수님은 지금 이 순간에도 오실 수 있습니다. 그러므로 우리는 주님이 지금 당장 오시더라도 맞이할 준비가 되어 있어야 합니다.

당신은 성령님을 믿는가?

당신은 성령님을 믿는가?

"성령을 믿사오며"

I. 성령님은 누구신가?

성령님은 영이십니다. 그리고 그분은 하나님이십니다. 그래서 기독교인들은 성부, 성자, 성령 세 분이시면서 동시에 한 하나님이신 삼위일체 하나님을 믿습니다. J. B. 필립스(J. B. Phillips)는 다음과 같이 말했습니다.

> "'성령을 믿사오며'라는 신앙고백은 인간의 인격에 기꺼이 들어오사, 그 인격을 변화시키실 수 있는 살아계신 하나님이 존재하신다는 사실을 믿음을 의미한다."[60]

그렇습니다. 성령 하나님이 오심으로 이제 전능하신 하나님이 우리 속에 들어오시게 되었고, 이를 통해 사람들을 새롭게 하고 변화시키는 역사가 일어나게 된 것입니다. 승천하신 예수님은 하나님 우편에 앉으셔서 우리를 위해 중보기도 하실 뿐 아니라 성령님을 보내주셨습니다. 예수님은 세상을 떠나시기 전에 제자들에게 이렇게 약속하셨습니다.

> "그러나 내가 너희에게 실상을 말하노니 내가 떠나가는 것이 너희에게 유익이라 내가 떠나가지 아니하면 보혜사가 너희에게로 오시지 아니할 것이요 가면 내가 그를 너희에게로 보내리니"(요 16:7).

예수님이 약속하신 선물이 바로 성령님이십니다. 여기서 '보혜사'(保惠師)라는 표현이 바로 성령님을 지칭하는 것입니다. 보혜사를 한자 뜻 그대로 풀이하면 '보호하시고 은혜를 주시는 스승'이라는 뜻입니다. 영어로는 'Counselor'(카운셀러)라고도 하고 'Helper'(헬퍼)라고도 합니다.

헬라어 원어로 하면 '파라클레토스'인데 이 말은 '곁에'라는 의미의 '파라'(para)와 '부르다'라는 뜻의 '클레토스'(kletos)의 합성어로서 어떤 사람이 어려움을 당할 때 도와주기 위하여 '곁에 서 있도록 부름을 받은 분'이라는 뜻입니다. 당시 법정 용어로 '변호사'를 파라클레토스라고 불렀습니다.

법정에서 좋은 변호사가 옆에 있으면 마음이 든든합니다. 이같이 성령님은 우리가 힘들 때 옆에서 인도하고 도와주시는 분이십니다. 그런데 그리스도인들이 이 귀중한 성령님을 잊어버리고 살아가는 경우가 많습니다. 프랜시스 챈(Francis Chan)은 성령님을 '잊혀진 하나님'이라고 하면서 다음과 같이 말했습니다.

"만일 내가 사탄이라면, 그리고 내 궁극적인 목적이 하나님 나라와 그의 목적을 좌절시키는 일이라면, 나의 핵심 전략은 교인들로 하여금 성령을 무시하게 만드는 일이 될 것이다."[61]

그렇습니다. 성령님과 동행하느냐 안 하느냐에 따라 그 사람의 신앙생활은 엄청난 차이를 가져옵니다. 그러므로 승리하는 신앙생활을 하기 위해서는 성령님을 인정하고 성령님과 동행하는 것이 무엇보다 중요합니다. 성령님은 인격을 가지신 분이십니다. 그러므로 우리는 날마다 성령님을 인정하고 성령님의 인도하심을 받기 위해 노력해야 합니다.

II. 성령님이 하시는 일들

성령님은 이루 말할 수 없이 중요한 분이십니다. 그런데 그동안 교회 역사에서 성령님의 존재가 무시당해 왔습니다. 하나님과 예수님의 위치가 워낙 크다 보니 성령님에 대해서 별로 관심을 못 가진 것입니다. 그러나 오늘날은 성령님이 교회에서 자신의 위치를 찾아가고 계십니다. 성령님께서 믿는 신자들 가운데서 하시는 일은 이루 헤아릴 수 없이 많지만 다음과 같은 다섯 가지로 정리해 볼 수 있습니다.

1. 거듭나게 하십니다.

먼저 성령님은 우리를 거듭나게 하십니다. 인간의 구원에는 삼위의 하나님께서 다 관여하십니다. 성부 하나님께서는 구원 사건을 계획하시고, 성자이신 예수님께서는 십자가를 지심으로 구원 계획을 이루었습니다. 그리고 그 십자가 사건이 믿어지게 만들어 주시는 분이 바로 성령님이십니다. 즉 2,000년 전의 십자가 사건을 현재의 나에게 적용해 주시는 분이 바로 성령님인 것입니다. 그러므로 성령으로 말미암지 않고는 그 누구도 예수님을 주라고 시인할 수가 없습니다.

"그러므로 내가 너희에게 알리노니 하나님의 영으로 말하는 자는 누구든지 예수를 저주할 자라 하지 아니하고 또 성령으로 아니하고는 누구든지 예수를 주시라 할 수 없느니라"(고전 12:3).

기독교에는 기적이 많이 있지만, 그중에서 가장 큰 기적은 '예수님의 십자가가 믿어지는 것'입니다. 한번 생각해 보십시오. 2,000년 전에 유대 땅에 살았던 얼굴도 못 본 나사렛의 목수 청년이 온 인류를 위한 구세주이며, 나를 위해 죽으신 하나님이라는 사실이 믿어지는 것, 이것만큼 놀라운 기적이 어디 있겠습니까? 이것이 바로 성령님이 하시는 일입니다. 이를 위해 성령님께서는 먼저 죄를 깨닫게 하십니다. 성령님이 오시기 전까지는 내가 죄인이라는 사실이 와닿지 않았는데 성령을 받고 나면 누가 지적하지 않아도 내가 죄인임을 깨닫게 됩니다. R. A. 토레이(Reuben Archer Torrey)는 다음과 같이 말했습니다.

"죄인들로 하여금 각성하게 하여 자기들의 죄를 깨닫게 하고, 자기들은 구원받을 수 없는 상태에 있다는 것을 알게 하며 또한 자기들은 하나님에게 큰 죄를 범한 사람들임을 인식하게 하는 것이 곧 성령의 역사이다."[62]

죄인임을 인정함

자신의 병이 얼마나 심각한지 알아야 의사를 찾듯이, 자신이 얼마나 심각한 죄인인지를 알아야 구세주이신 예수님을 찾게 됩니다.

탕자가 자신의 비참한 처지를 깨달았을 때 아버지께로 돌아왔듯이, 성령님은 죄로 인하여 비참해진 우리의 상태를 직시하게 하여 다시 하나님 아버지께로 돌아오게 만듭니다.

성령님은 이렇게 하나님 앞으로 돌아온 사람들이 예수님의 십자가를 믿게 만들고 영적으로 거듭나게 하는 중생의 역사를 이루십니다. 천지를 창조할 때 성령님이 창조의 일에 관여했듯이, 예수님을 믿어 새롭게 태어나는 이 '새 창조'의 역사에도 성령님이 주도적으로 관여하십니다. 그 결과 우리는 감히 하나님을 아버지라 부르게 됩니다. 이것이 바로 성령님이 하시는 일입니다.

"무릇 하나님의 영으로 인도함을 받는 사람은 곧 하나님의 아들이라 너희는 다시 무서워하는 종의 영을 받지 아니하고 양자의 영을 받았으므로 우리가 아빠 아버지라고 부르짖느니라"(롬 8:14-15).

2. 날마다 동행하고 인도해 주십니다.

성령님은 또한 날마다 우리와 동행하시고 인도해 주십니다. 토니 에반스(Tony Evans) 목사는 다음과 같이 말했습니다.

"성령님은 마치 GPS(위성항법장치) 같으시다. 그래서 우리가 어디에 위치하고 있는지를 정확하게 파악해서 알려 주신다. 성령님의 목적은 우리 마음속에서 하나님의 음성이 되어 이리저리 구부러지는 인생의 복잡한 행로를 하나님의 말씀과 뜻에 따라 올바르게 인도해 주는 것이다."[63]

성령님은 내 인생의 내비게이션

잘 모르는 길을 갈 때 내비게이션이 있으면 안심이 됩니다. 이와 마찬가지로 성령님은 우리가 인생의 잘못된 길로 갈 때마다 바른길로 인도하십니다. 이를 위해 세밀한 음성으로 말씀하시기도 하고, 주위 사람이

나 환경을 통해 인도하시기도 합니다. 물론 가장 기본적으로는 하나님 말씀을 통해 인도하십니다. 그래서 토니 에반스는 하나님의 인도하심을 받는 방법을 다음과 같이 이야기했습니다.

> "객관적인 하나님의 말씀과 주관적인 우리의 영이 성령님의 계시와 확인시켜 주시는 역사에 의해 연결될 때 성령님의 인도하심을 받게 된다."[64]

대단히 중요한 이야기입니다. 하나님의 말씀이 내 속에 계신 성령님을 통해 확증 받을 때 그것이 바로 하나님의 뜻이라는 것을 알 수 있습니다. 그래서 평소에 말씀을 가까이하는 것이 중요합니다. 성령님은 말씀을 통해 삶의 길을 인도하시고, 때로는 잘못된 길에서 돌이키게 하시기 때문입니다. 예수님은 성령님이 진리의 영이라고 하셨습니다.

> "그는 진리의 영이라 세상은 능히 그를 받지 못하나니 이는 그를 보지도 못하고 알지도 못함이라 그러나 너희는 그를 아나니 그는 너희와 함께 거하심이요 또 너희 속에 계시겠음이라"(요 14:17).

진리의 영이신 성령님은 믿는 자들을 진리 가운데로 인도하십니다. 그래서 우리가 잘못된 길로 가지 않도록 인도하시는 것입니다. 이를 위해 성령님은 마음속에 음성을 들려주셔서 죄를 짓지 않도록 도와주십니다. 즉 내 속에서 죄를 알게 하고, 죄에 대해 두려움을 느끼게 하는 것이 바로 성령님이 하시는 일입니다.

3. 은사를 주십니다.

또한 성령님은 우리가 능력 있게 주의 일을 할 수 있도록 각종 은사를 주십니다. 은사라는 말은 영어로 'gift'로써 예수님을 믿을 때 성령님께서 각 사람에게 하나님의 일을 잘할 수 있는 능력을 '선물'로 주시는 것입니다. 성경에는 대략 18~19개 정도의 성령의 은사가 나타나는데 리더십 전문가인 로버트 클린튼(J. Robert Clinton) 교수는 이 은사들을 역할에 따라 세 개의 범주로 나누었습니다.

먼저 능력의 은사가 있습니다. 이 은사는 보이지 않는 하나님의 능력과 실제를 드러냅니다. 기적, 병 고침, 영 분별함, 방언 등이 이에 해당합니다. 그리고 다음으로 사랑의 은사가 있습니다. 이 은사는 보이지 않는 하나님의 아름다움을 드러내어 다른 사람들도 하나님과 이런 놀라운 사랑의 교제를 가지고 싶도록 매력을 주는 일을 합니다. 자비, 돕는 은사, 행정의 은사 등이 이에 해당합니다. 마지막 세 번째로는 말씀의 은사가 있습니다. 이 은사는 보이지 않는 하나님의 본성을 드러내고 하나님이 추종자들에게서 무엇을 기대하는지를 분별하게 합니다. 가르침, 예언, 다스림 등이 이에 해당합니다.[65]

하워드 스나이더(Howard A. Snyder)는 하나님께서 교회에 주신 은사를 프리즘을 통과한 햇빛에 비유했습니다. 마치 프리즘을 통과한 햇빛이 다양한 색깔을 내듯이 예수 그리스도의 영광스러운 빛이 교회라고 하는 공동체를 통과하면 여러 가지 다양한 영적 은사로서 나타난다는 것입니다.[66]

예수님을 믿게 된다면 이와 같은 성령의 은사를 최소한 한 가지는 받게 됩니다. 성령님이 성도들에게 은사를 주시는 목적은 성경에 잘 나타나 있습니다.

"각 사람에게 성령을 나타내심은 유익하게 하려 하심이라"(고전 12:7).

성령의 은사는 자신을 드러내고 자랑하기 위해 주어진 것이 아닙니다. 그리스도의 몸을 세우고 다른 사람들에게 유익을 주기 위해서 주어진 것입니다. 그러므로 은사는 나의 영광을 위해 사용해서는 안 됩니다. 하나님의 영광과 교회를 세우는 목적을 위해 사용되어야 합니다.

4. 성령의 열매를 맺게 해 주십니다.

성령님께서 하시는 또 하나의 중요한 일은 성령의 열매를 맺게 하시는 일입니다. 어떤 사람이 많은 은사를 가졌다고 해서 그가 영적으로 성숙한 사람이라고 볼 수는 없습니다. 영적인 은사와 영적인 성숙과는 직접적인 관련이 없기 때문입니다. 영적 성숙은 성령의 열매와 관련이 있습니다. 성경에는 성령의 열매를 다음과 같이 아홉 가지로 소개합니다.

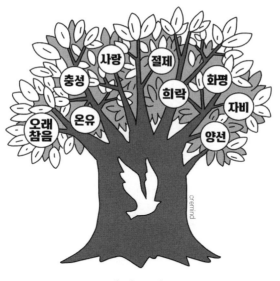

성령의 열매

"오직 성령의 열매는 사랑과 희락과 화평과 오래 참음과 자비와 양선과 충성과 온유와 절제니 이같은 것을 금지할 법이 없느니라"(갈 5:22-23).

성령의 열매가 중요한 이유는 그것이 바로 '예수님을 닮게 만드는 것'이기 때문입니다. 하나님께서는 우리의 말과 마음과 생각과 행동이 모두 예수님을 닮기를 원합니다. 그런데 이것이 어떻게 가능합니까? 죄 많은 인간이 어떻게 거룩하고 흠 없는 예수님을 닮을 수가 있겠습니까? 인간적으로는 불가능합니다. 오로지 주님께서 내 속에 들어와서 나를 대신하여 살아 주셔야만 가능합니다. 내 속에 예수님의 영이신 성령님이 들어오시면 나의 삶에서 예수님의 성품이 드러나게 됩니다. 이것이 바로 성령의 열매입니다.

5. 예수님을 높이고 전하게 하십니다.

성령님은 우리 속에서 예수님을 드러내고 높이고 전하는 일을 하십니다.

> "내가 아버지께로부터 너희에게 보낼 보혜사 곧 아버지께로부터 나오시는 진리의 성령이 오실 때에 그가 나를 증언하실 것이요"(요 15:26).

결국 성령님이 하시는 일은 자신을 드러내지 않고 예수님을 증거하고 높이는 것입니다. 이런 것을 보면 참 배울 점이 많습니다. 죄성이 많은 인간은 조그마한 일에도 자신을 드러내고 싶어 합니다. 남이 알아주기를 바라고 남에게 인정을 받고 싶어 합니다. 그러나 성령 하나님은 철저히 자기를 드러내지 아니하시고 예수님을 드러내십니다. 예수님도 마찬가지입니다. 예수님께서는 이 땅에 계실 때 철저히 자신이 영광을 받지 아니하고 모든 영광을 하나님께 돌려 드렸습니다.

이러한 것을 '거룩한 수줍음'이라고 표현합니다. 성령님이 자신의 영광은 베일로 감싸고 온전히 자신을 통해 예수님의 영광만이 드러나게 하시는 것을 일컬어 이렇게 표현하는 것입니다. 성령을 제대로 받은 사람도 이런 특징이 나타납니다. 자신을 드러내기를 부끄러워하며 오직 예수님만을 기쁘시게 하고 영화롭게 하는데 온통 관심을 집중하게 됩니다.[67] 그러므로 어떤 사람이 성령 사역을 한다고 할 때 그 사람이 진짜인지 아닌지를 알 수 있는 방법은 그 일을 통해 자신을 높이는지 예수 그리스도를 높이는지를 보면 됩니다. 예수님에게 영광을 돌리는 성령 사역이 진짜 성령 사역입니다. 댄 필립스(Dan Phillips) 목사님은 다음과 같이 말했습니다.

"성령과(실질적인 것이거나 상상으로 만들어낸 것이거나 상관없이) 그분의 은사에 집착하는 사람을 내게 데려와라. 그러면 그 사람이 성령 충만하지 못한 사람이라는 것을 보여주겠다. 예수 그리스도의 인격과 사역에 초점을 맞추는 사람, 그분에 대해 배우고, 그분을 생각하며, 그분을 알고, 그분에 관해, 그분을 위해, 그분에게 말하며, 그분의 완전하심과 아름다우심에 도취되어 기뻐하고, 그분을 섬기고 높이는 길을 열심히 추구하며, 그분을 위해 헌신하고 쓰임 받을 수 있는 기회를 찾고, 더욱더 그분의 인격을 닮아가기를 간절히 원하는 사람을 데려와라. 그러면 그 사람이 성령 충만한 사람이라는 것을 보여주겠다."[68]

성령님께서 하시는 일은 예수님의 영광을 드러내는 일입니다.

"그가 내 영광을 나타내리니 내 것을 가지고 너희에게 알리시겠음이라"(요 16:14).

성령님은 자신이 아닌 예수님의 영광을 드러내기를 원하십니다. 이를 위해 성령님은 은밀하게 역사하시면서 오직 예수님만을 드러냅니다. 그러므로 성령을 받으면 예수님을 더 사랑하고 예수님을 더 높이게 되어 있습니다. 그래서 성령 사역은 언제나 예수님을 증거 하는 일과 같이 가야 합니다. 예수님은 승천하시기 전에 다음과 같이 말씀하셨습니다.

"오직 성령이 너희에게 임하시면 너희가 권능을 받고 예루살렘과 온 유대와 사마리아와 땅 끝까지 이르러 내 증인이 되리라 하시니라"(행 1:8).

따끝까지 복음전파

예수님이 성령을 주시는 이유를 분명하게 밝혀 놓았습니다. 예수님을 증거 하기 위해 성령을 받는 것입니다. 그래서 성령의 역사와 예수님을 드러내는 일은 결코 분리될 수 없습니다. 오늘날 성령 운동을 하는 사람들이 가끔 신비주의로 빠지는 경우가 있는데, 그것은 예수 그리스도를 높이지 않으면서 성령 운동을 하기 때문입니다. '기독론'이 없는 '성령론'은 위험합니다.

신비주의가 무엇입니까? 다른 것이 신비주의가 아닙니다. 하나님께 가까이 가려고 하는데 '예수 그리스도를 통하지 않고' 하나님께 가까이 가려고 하는 것이 바로 신비주의입니다. 그래서 성령에 관해 이야기할 때는 언제나 예수님을 중심에 두고 이야기해야 합니다. 왜냐하면 성령님께서 이 땅에 오신 이유는 예수님을 증거하고 예수님의 영광을 드러내기 위해 오셨기 때문입니다. 여러분이 성령 충만을 구하는 목적이 무엇입니까? 내가 능력 받고 권능 받아서 나를 드러내기 위해서입니까? 성령의 역사가 영혼 구원의 역사로 이어지지 않으면 우리가 받은 성령 충만은 의미가 없습니다.

그리스도인의 신앙생활의 처음과 끝은 모두 성령님입니다. 하나님께서 천지를 창조하실 때도 성령님의 능력으로 천지를 창조하셨고, 하나님께 쓰임 받은 선지자들도 모두 여호와의 신에 감동되어 하나님의 사명을 감당했습니다. 예수님이 탄생하신 것도 성령의 능력으로 잉태되어 이루어진 것이고, 예수님께서 부활하신 것도 성령의 능력으로 부활하셨습니다.

그리고 지금 우리를 새롭게 하고 거듭나게 하시는 것도 모두 성령님의 역사입니다. 성경을 기록할 때도 성령님의 영감으로 기록되었고, 날마다 성경을 읽을 때 이해가 되고 감동이 되는 것도 모두 성령님이 조명해 주셔서 가능한 일입니다. 그러므로 그리스도인의 신앙생활의 중심에는 성령님이 있어야 합니다. 그렇지 않으면 죽은 신앙이 됩니다.

제가 신학교 다닐 때 저의 은사이신 권성수 교수님이 성령님에 관해 이런 비유를 하시는 것을 들은 적이 있습니다. 텔레비전 같은 데서 보면 해병대 대원들이 고무보트를 밀면서 지옥 훈련을 받는 장면이 나오는 경우가 있습니다. 이 훈련과정에서 이들은 합심해서 바다로 고무보트를 밀고 가야 합니다. 그런데 이 고무보트는 너무나 무겁기에 여러 사람이 달라붙어도 쉽사리 밀리지 않습니다. 그러나 그 무거운 고무보트도 일단 모래사장을 벗어나서 바다로 들어가게 되면 그때부터는 너무나 쉽게 움직입니다. 파도의 흐름에 고무보트를 맡기고 슬쩍슬쩍 밀어주기만 해도 고무보트는 저절로 움직이게 됩니다.

이것이 바로 신앙생활 하는 데 있어서 억지로 신앙생활 하는 것과 성령님의 인도하심을 받아서 신앙생활 하는 것 하고의 차이라는 것입니다.

성령님과 함께 하는 신앙생활

그렇습니다. 성령을 받지 않고, 은혜를 받지 않고, 신앙생활을 하게 되면 모래사장에서 고무보트를 밀고 가는 것처럼 힘이 듭니다. 그러나 일단 성령의 파도를 타게 되면 그때부터는 신앙생활이 너무나 쉽고 재미있어집니다. 그전까지 의무감이나 책임감으로 신앙생활을 하게 되었다면 이제는 성령의 인도하심을 받아 신앙생활을 하게 되었기 때문입니다.

그러나 대부분의 사람은 여기까지 버티지 못하고 신앙생활이 힘들다고 금방 싫증을 내고 교회를 떠나 버립니다. 참으로 안타까운 일입니다. 신앙생활은 영적인 일이기에 영의 세계에 들어와야 신나고 재미있습니다. 그러므로 우리는 모두 성령의 능력에 힘입어서 신앙생활을 해야 합니다. 이것이 승리하는 신앙생활의 비결입니다.

"성령을 통해 우리는 낙원으로 들어가고, 천국으로 다시 인도되고, 자녀로 입양되어 하나님을 담대히 '아버지'라 부르며, 그리스도의 은혜에 동참하고, 빛의 자녀라고 불리고, 영원한 영광에 참여한다." - 카이사레아의 바실리우스

나탈리 길버트 이야기

2003년 미국의 유명한 농구 대회인 NBA 대회가 시작되었을 때 당시 13세 소녀인 나탈리 길버트(Natalie Gilbert)가 나와서 국가를 독창하게 되었습니다. 그런데 어린 소녀가 2만 명 앞에서 반주도 없이 노래해야 하니 얼마나 떨리겠습니까? 그래서 노래를 부르던 소녀가 큰 실수를 하게 됩니다. 긴장한 나머지 갑자기 노래 가사를 잊어버린 것입니다.

사람들이 당황합니다. 어린 소녀도 어쩔 줄 몰라 당황하고 있는데 그 순간 참으로 감동적인 장면이 연출되었습니다. 모리스 칙스(Maurice Cheeks)라고 하는 흑인 감독이 갑자기 앞으로 나와서 소녀의 어깨에 손을 얹고 옆에 서서 가사를 불러 주기 시작했습니다. 소녀가 더듬거리니까 노래가 끝날 때까지 함께 노래를 불러 주었습니다. 이 장면을 지켜보고 있던 사람들은 너무나 큰 감동을 받아서 노래가 끝나자마자 모두 힘차게 박수를 쳤습니다.

저는 이 영상을 보면서 바로 성령님이 하시는 일이 이와 같은 것이라는 생각이 들었습니다. 가장 힘든 순간에 옆에 있어 주시는 분, 나를 부드럽게 위로하고 도와주시고 인도하시는 분이 바로 성령님이십니다. 예수님은 자신이 떠나간 뒤에 혼자 남아 그 귀중한 사명을 이어갈 제자들을 도와주고 격려하기 위해 이같이 성령님을 보내주신 것입니다.

08

당신은 │ 교회를 믿는가?

당신은 교회를 믿는가?

"거룩한 공회와 성도가 서로 교통하는 것과"

I. 거룩한 공회

교회에 대해서는 여러 가지로 정의할 수 있습니다. 그러나 우리가 교회에 대하여 분명히 알아야 할 사실은 교회는 건물을 뜻하지 않는다는 것입니다. 성경은 결코 교회를 건물로 정의하고 있지 않습니다. '구원받은 사람들의 모임'이 바로 교회입니다. 제임스 패커(James Innel Packer)는 교회를 다음과 같이 정의합니다.

"교회는 구원받고 세례받은, 또 그리스도가 오신 것을 돌아보며 감사하고, 다시 오실 것을 바라고 소망하는 하나님 백성의 초자연적인 사회(공동체)이다."[69]

사도신경에서는 교회에 관하여 이야기하면서 "거룩한 공회와 성도가 서로 교통하는 것과"라고 고백합니다. 여기서 '공회'라는 말이 나오는데 이 단어가 영어로는 '가톨릭 처치'(catholic church)입니다. 그래서 이 신앙고백이 가톨릭교회를 지칭하는 것으로 오해하는 경우가 있습니다. 그러나 이것은 잘못된 생각입니다. 여기서 '가톨릭'이라는 말은 '보편적'이라는 말입니다. 그래서 이 말의 의미는 '보편적이고 우주적인 교회'로서의 교회의 위대함을 믿는다는 뜻입니다. 그래서 교회는 그것을 구성하는 사람들의 조건에 있어서 제한을 두지 않습니다. 교회에 나오는데 있어서는 자유인이든, 노예든, 남자든 여자든, 그 누구도 거부를 당하지 않습니다.

사도신경에서는 교회를 '거룩한' 공회라고 지칭합니다. 현실에서는 교회가 때로 거룩하지 못한 경우도 있습니다. 교회의 부패상으로 인해 사람들이 얼굴을 찡그리는 경우도 있습니다. 그러나 사도신경에서 교회를 거룩하다고 고백하는 것은 '객관적 성결'을 의미합니다. 즉 하나님께서 처음부터 교회를 '거룩한 공동체로 구별해 놓으셨다'라는 의미입니다. 과거 구약 시대에 보면 성전에 있는 물건들은 성전에 있다는 사실 때문에 거룩해졌습니다. 이와 마찬가지로 교회는 그 자체로 하나님께서 세상의 것과는 구별해서 세우신 단체이기 때문에 거룩한 존재가 된 것입니다. 다만 교회는 여기에 대해서 하나님이 원하시는 수준의 거룩함을 지키기 위해 노력할 의무와 책임이 있습니다.

II. 교회를 믿는다는 말의 의미

사도신경은 기독교의 핵심과 뼈대를 이루는 교리를 믿음으로 고백한 내용입니다. 그런데 이 사도신경의 한 부분에 교회에 대한 믿음의 고백이 나온다는 사실은 참으로 놀랍습니다. 그만큼 기독교 신앙에 있어서 교회가 차지하는 위상이 중요하다는 것을 보여주는 것입니다. 그러면서 동시에 "교회를 믿는다는 말의 의미는 무엇인가?" "교회가 어떻게 믿음의 대상이 될 수 있는가?" 하는 의문이 생길 수 있습니다.

사도신경에서 "거룩한 공회와 성도가 서로 교통하는 것"을 믿는다는 말은 교회가 하나님의 역사를 이루는 위대한 존재라는 사실을 믿는다는 말이며, 교회를 구성하는 성도들이 영적으로 서로 교통한다는 사실을 믿는다는 말입니다. 그런데 이 고백이 '성령을 믿사오며'라는 고백 바로 다음에 나왔다는 사실이 중요합니다. 사도신경에서 교회에 대한 이러한 믿음의 고백을 할 수 있는 이유는 교회는 성령님이 주관하고 다스리는 곳이기 때문입니다.

삼위일체로 볼 때 성령님은 곧 하나님이십니다. 그러므로 하나님이 교회의 주인으로서 교회를 다스리면 그 교회가 위대해지고, 성도들이 하나님의 영이신 성령으로 충만하게 된다면 영적으로 서로 교통할 수 있게 되는 것입니다. 교회는 비록 인간이 만든 단체인 것 같지만 사실은 하나님께서 만든 거룩한 모임입니다. 그 이유는 교회의 주인이 예수님이기 때문입니다. 성경에 보면 "너희는 나를 누구라 하느냐?"라고 하는 예수님의 질문에 베드로가 무엇이라고 대답합니까?

"시몬 베드로가 대답하여 이르되 주는 그리스도시요 살아 계신 하나님의 아들이시니이다"(마 16:16).

이렇게 베드로가 대답하자 예수님이 그를 칭찬하십니다. 그러면서 베드로가 예수님을 그리스도로 알아보게 된 것은 하나님 아버지께서 그렇게 해 주셨기 때문이라고 이야기합니다. 그리고 난 뒤 예수님은 다음과 같이 이야기하셨습니다.

"또 내가 네게 이르노니 너는 베드로라 내가 이 반석 위에 내 교회를 세우리니 음부의 권세가 이기지 못하리라"(마 16:18).

여기서 예수님은 '베드로 위에' 교회를 세운다고 하신 것이 아니라, '베드로의 신앙고백 위에' 교회를 세우신다고 말씀하시는 것입니다. 이때 예수님이 무엇이라고 하십니까? "내 교회를 세우리니"라고 말씀하셨습니다. 그렇습니다. 교회의 주인은 예수님이십니다.

이것을 우리는 분명히 알아야 합니다. 교회는 누가 세웠든 간에 예수님이 주인이십니다. 아무리 목사님이 개척했다고 하더라도 그것이 목사

님의 교회인 것은 아닙니다. 아무리 장로님이 헌금을 많이 내었다고 하더라도 그 교회가 장로님의 것은 아닙니다. 교회는 전적으로 예수님의 것입니다. 그러므로 우리는 교회를 소중히 여겨야 합니다. 왜냐하면 하나님께서 교회를 예수님의 피 값으로 사셨기 때문입니다.

"여러분은 자기를 위하여 또는 온 양 떼를 위하여 삼가라 성령이 그들 가운데 여러분을 감독자로 삼고 하나님이 자기 피로 사신 교회를 보살피게 하셨느니라"(행 20:28).

예수님께서 십자가에 못 박히심으로 이 땅에 교회가 탄생했습니다. 만약 예수 그리스도의 십자가 희생이 없었다면 이 세상에 교회는 탄생하지 못했을 것입니다. 흔히 교회를 '그리스도의 신부'라고 합니다. 맞는 말입니다. 그런데 성경에 보면 아담이 자신의 신부인 하와를 얻기 위해서는 옆구리를 찢고 피를 흘리고 갈빗대를 내놓는 희생을 치러야 했습니다. 이와 마찬가지로 예수님도 자신의 영적 신부인 교회를 얻기 위해 십자가에서 죽으시고 옆구리에 창을 받으셨습니다.

그러므로 교회는 예수님에게 소중한 대상입니다. 생명을 바쳐 얻을 만큼 소중한 대상입니다. 그러므로 주님의 몸 된 교회를 흔들려고 하는 자는 하나님의 심판을 받게 되어 있습니다.

예수님은 당신의 교회를 "음부의 권세가 이기지 못하리라"라고 하셨습니다. 이것은 교회에는 언제나 교회를 파괴하려고 하는 음부의 권세가 있을 것임을 이야기하는 것입니다. 사탄은 이 세상의 그 무엇보다 교회를 가장 싫어합니다. 이 세상에서 사탄과 마귀를 대적할 수 있는 유일한 기관이 바로 교회이기 때문입니다. 그래서 그들은 교회를 넘어뜨리기 위해서 수단과 방법을 가리지 않습니다. 그래서 우리는 늘 깨어 기도해야 합니다. 교회를 섬기는 일은 결코 쉬운 일이 아니기 때문입니다. 교회를 무너뜨리고자 하는 사탄과 마귀의 시험과 유혹이 언제나 주위에 있으므로 교회를 섬길 때는 늘 긴장하고 두렵고 떨리는 마음을 가지고 교회를 섬겨야 합니다.

물론 천국에 가서 하나님 앞에서 믿는 사람들이 다 함께 모이는 하늘의 교회, 즉 '천상교회'에서는 어떤 시험과 유혹도 없을 것입니다. 그러나 이 땅에 있는 교회는 주님이 오시는 그날까지 시험과 어려움이 있을 수밖에 없습니다. 그래서 신학자들은 지상교회를 '전투하는 교회'라고 부릅니다.

그러나 동시에 마음에 위로가 되는 부분이 있습니다. 그것은 비록 교회가 시험이 있고 어려움이 있을지라도, 하나님의 교회는 영원히 무너지지 않을 것이라는 확신을 가질 수 있다는 것입니다. 그것은 교회를 지키는 교회의 주인이 바로 전능하신 예수 그리스도이시기 때문입니다. 그러므로 예수님은 당신이 세우시는 교회에 음부의 권세가 미칠 것을 아셨지만, 동시에 그 음부의 권세가 결코 당신의 교회를 넘어뜨리지는 못할 것이라고 선포하셨습니다. 여기에 우리의 소망이 있습니다.

또한 예수님이 교회에 대하여 "음부의 권세가 이기지 못하리라"라고 하신 말씀은 단순히 소극적인 차원에서 교회가 영적 흑암의 세력으로부터 안전할 것이라고 하는 말씀만은 아닙니다. 이 말씀을 좀 더 자세히 살펴보면 여기에는 좀 더 적극적인 의미가 있다는 사실을 알 수가 있습니다. "음부의 권세가 이기지 못하리라"라는 말씀을 영어 성경으로 보면 "the gates of hell shall not prevail against it."(KJV)이라고 되어 있습니다. 여기서 보듯이 '음부의 권세'라는 말의 원래 의미는 '지옥의 문'이라는 뜻입니다. 그러므로 이 말의 의미는 "지옥의 문이 교회를 대항해서 이기지 못할 것이다"라는 뜻이 됩니다.

지옥문을 깨트리는 교회의 능력

고대 사회에서 문은 방어 수단의 하나였습니다. 따라서 예수님의 말씀은 사탄의 요새가 교회의 공격에 대항해서 이겨내지 못할 것이라는 뜻입니다.[70] 그러므로 이 말씀은 대단히 적극적인 의미가 있습니다. 교회는 음부의 권세에 대항할 힘만 있는 것이 아니라 '지옥의 문'을 흔들어서 영혼들을 건져낼 권세가 있다는 것입니다.

사실상 이런 일을 할 수 있는 곳이 교회 외에 누가 있겠습니까? 오직 교회만이 지옥에 빠져 영원히 멸망으로 갈 인간들을 건져 낼 수 있습니다. 이것이 주님이 교회에 주신 놀라운 특권입니다. 그러므로 교회는 이 사명을 잘 감당해야 합니다. 교회에 와서 성도들끼리 은혜받는 것으로 끝나지 말고 지옥문을 흔들어서 더 많은 영혼을 구원해야 합니다.

III. 하나님의 영광의 통로

이 땅에 예수님이 몸으로 오셔서 33년을 살다가 가셨습니다. 그러나 그것으로 끝이 아닙니다. 이 땅에 당신의 몸을 남겨놓고 가셨는데 그것이 바로 교회입니다. 그러니 교회가 얼마나 영광스러운 공동체인지 모릅니다. 성경은 다음과 같이 말합니다.

"그의 능력이 그리스도 안에서 역사하사 죽은 자들 가운데서 다시 살리시고 하늘에서 자기의 오른편에 앉히사 모든 통치와 권세와 능력과 주권과 이 세상뿐 아니라 오는 세상에 일컫는 모든 이름 위에 뛰어나게 하시고 또 만물을 그의 발 아래에 복종하게 하시고 그를 만물 위에 교회의 머리로 삼으셨느니라 교회는 그의 몸이니 만물 안에서 만물을 충만하게 하시는 이의 충만함이니라"(엡 1:20-23).

여기서 하나님 오른편에 앉았다는 것은 예수님이 우주를 다스릴 수 있는 통치권을 부여받았다는 의미입니다. 그래서 성경은 예수님이 모든 이름 위에 뛰어난 분이시며 만물이 그의 발아래에 복종한다고 이야기하는 것입니다. 그런데 여기에서 관심을 끄는 내용이 있습니다. 그것은 22절에 "그를 만물 위에 교회의 머리로 삼으셨느니라"라는 말씀입니다.

여기 만물이 있습니다. 그리고 이 만물 위에 교회가 있습니다. 그리고 예수님은 이 교회의 머리가 되십니다. 그러므로 이 말씀은 예수님은 이 세상 만물을 통치하실 때 교회를 통하여 세상을 다스리고 통치하신다는 뜻입니다. 팀 세비지(Tim Savage)는 다음과 같이 말했습니다.

> "놀랍게도 교회는 하나님의 야심 찬 창조사업의 중심이다. 교회는 세상에서 하나님의 일을 실행하는 본부이며, '만물'이 그리스도 아래로 모이는 지점이다. 하나님이 무슨 일을 하시는지 보고 싶다면 – 이런 장관을 누가 마다할까? – 교회를 보아야 한다. 하나님으로 충만한 사람들이 모여 있는 곳은 교회 외에는 없다."[71]

이 얼마나 놀라운 이야기입니까? 하나님께서 이 세상의 역사를 이끌어 오시고 만물을 통치하시는데 교회를 통하여 그 일을 하신다는 것입니다. 우리가 잘 몰라서 그렇지 이 세상 역사는 아무렇게나 흘러가지 않습니다. 하나님께서 인류 구원의 계획을 마음에 품으시고 이 세상 역사를 이끌어 가십니다.

그런데 그 일을 성공적으로 하기 위해 하나님은 교회를 세우시고 교회를 통해 이 놀라운 구속의 역사를 완성해 가시는 것입니다. 교회가 왜 위대한가 하면 오직 교회만이 이러한 하나님의 뜻과 경륜을 알아서 그 일을 하는 데 쓰임 받을 수 있기 때문입니다. 고든 맥도날드(Gordon MacDonald)는 다음과 같이 말했습니다.

"웬만한 일에는 세상도 교회 못지않거나 교회보다 낫다. 집을 지어 주고 가난한 자를 먹여 주고 아픈 사람을 고쳐 주는 일은 굳이 교인이 아니어도 할 수 있다. 그러나 세상이 못하는 일이 하나 있다. 세상은 은혜를 베풀 수 없다."[72]

교회는 이 땅에서 하나님의 은혜를 펼쳐 나가는 통로입니다. 그러므로 교회만이 진정으로 이 땅에 하나님이 주시는 구원의 은혜와 천국의 소망을 나누어 줄 수 있습니다. 그래서 J. I. 패커는 교회의 사명을 이렇게 요약했습니다.

"교회의 임무는 그리스도인의 신실한 삶과 증언을 통해 보이지 않는 하나님 나라를 보이게 만드는 것이다."[73]

그렇습니다. 교회는 보이지 않는 하나님의 나라를 이 땅에서 보여주는 '천국 지점'입니다. 이렇게 교회가 이 땅의 소망이기 때문에 그토록 많은 선교사님들이 목숨을 걸고 전 세계 오지로 들어가서 교회를 세우고 복음을 전하는 것입니다.

저는 교회를 사랑합니다. 왜냐하면 교회가 타락하고 잘못된 모습이 많더라도, 그래도 이 세상에서 유일한 소망은 교회밖에 없기 때문입니다. 교회는 소망 없는 이 세상에서 구원을 얻는 방법을 가르쳐 주며, 믿는 사람들이 하나님의 뜻대로 살 힘과 능력을 공급해 줍니다.

IV. 성도의 교통

한 가지 더 생각해 볼 것은 '성도의 교통'이라는 말의 의미입니다. "거룩한 공회와 성도가 서로 교통하는 것과"라는 말에서 '교통'은 헬라어 '코이노니아'(koinonia)를 번역한 말입니다. 코이노니아는 원래 나눔을 의미합니다. 그러므로 이 말의 의미는 그리스도 안에서 성도들은 기쁨과 슬픔을 같이 나누고 때로는 필요하면 물질까지도 서로 나눈다는 의미입니다. 그래서 초대 교회 성도들은 자신의 재물을 팔아 가난한 사람들을 도왔습니다.

인간은 원래부터 관계적인 존재로 지음을 받았습니다. 다만 죄로 인해 이러한 관계들이 파괴된 것입니다. 그런데 성도들 가운데 성령님께서 함께 하시면 이러한 놀라운 관계의 회복이 다시 일어나게 됩니다. 복음의 능력은 화해와 화목을 가져옵니다. 그러므로 이러한 복음의 능력을 맛본 사람들이 모인 공동체는 서로 하나 될 수밖에 없는 것입니다. 교회 안에서의 참된 교제는 예수 그리스도를 중심으로 이루집니다. 그렇기 때문에 내가 먼저 예수님을 통해 하나님과 올바른 관계를 맺어야 온전한 영적 친교를 이룰 수가 있습니다.

또한 성도의 교통을 위해 교회 안에는 성도들의 친교를 도와주는 영적 소그룹이 있어야 합니다. 소그룹이 살아 있는 교회가 건강합니다. 그 안에서 세상이 줄 수 없는 영적 친밀감을 경험하며 성령님이 주시는 위로와 평안과 돌봄을 경험할 수 있기 때문입니다.

대그룹으로 모이는 예배를 통하여 우리는 초월적이고 위대하신 하나님을 경험하게 됩니다. 그리고 소그룹을 통하여서는 가까이 다가와서

건강한 영적 소그룹

우리의 고통과 아픔에 귀 기울여 주시는 친밀하신 하나님을 경험하게 됩니다.

　오늘날과 같이 익명성과 소외감이 만연하는 현대사회에서는 진정한 영적 소그룹이 더욱 필요합니다. 오늘날 사람들은 거대한 사회 구조 속에서 무력감과 허무함을 느끼고 있습니다. 그 결과 사람들은 따뜻하고 인격적인 관계를 그리워하게 되었습니다.

　교회 안에서의 건강한 소그룹 모임은 하나님의 사랑을 체험하기에 좋은 도구가 됩니다. 그런데 이러한 소그룹 모임 안에서 진정한 치유와 회복의 역사를 경험하기 위해서는 소그룹 모임이 단순한 지식적인 성경 공부가 아닌 전인적인 소그룹 모임이 되어야 합니다. 즉 소그룹 안에서 단순한 지식의 나눔만이 아닌 자신의 삶 전체를 내어놓고 나눌 수 있어야 합니다. C. S. 루이스는 다음과 같이 말했습니다.

"하나님에 대해 배울 수 있는 정말로 좋은 도구는, 함께 하나님을 기다리는 기독교 공동체다."

사람들은 설교 말씀을 듣고 변하기도 하지만, 그리스도의 몸을 이루는 공동체 안에서 옆에 있는 지체들이 주님께 헌신하는 모습을 보고 더 많은 도전을 받고 더 많은 변화를 받습니다. 성경에는 '서로'라는 말이 참으로 많이 나옵니다. "서로 사랑하고", "서로 용납하고", "서로 종노릇하고", "서로 봉사하며", "서로 기도하라"라고 이야기합니다. 이것은 성도 혼자서는 그리스도의 몸을 세울 수 없고 같이 협력해서 그리스도의 몸 된 교회를 세워나가야 함을 가르쳐 주는 것입니다.

교회 안에서 올바른 성도의 교통이 일어나기 위해서는 마음을 터놓고 서로를 용납하고 받아 주어야 하며 서로의 은사와 재능이 주를 위해 아름답게 연결될 수 있도록 도와주어야 합니다.

여기에 대해 개러스 W. 아이스노글(Gareth Weldon Icenogle)은 중요한 이야기를 합니다. 그는 말하기를 원래 교회 안에서 연결이라는 개념은 '사람 사이를 연결하는 것'이었는데 어느 때부터인가 교회 안에서 소그룹 공동체로서의 교회가 사라지고 형식적이고 제도적인 기구의 모습을 갖춘 교회가 나타남으로 인해 '사람과 사람과의 연결이 조직을 연결하는 것'으로 바뀌었다는 것입니다.[74]

은사대로 섬기는 교회

대단히 중요한 이야기입니다. 교회는 사람과 사람을 연결하는 곳이 되어야 합니다. 그리하여 한 사람 한 사람이 주님 안에서 서로 연결되어 그리스도 안에서 성전으로 지어져 가야 합니다. 이렇게 될 때 사람들은 교회에 와서 성도들 가운데 임한 하나님 나라를 볼 수 있게 됩니다.

그리스도인들은 자신이 속한 믿음의 공동체를 통해 불신자들에게 보이지 않는 하나님의 나라를 보여 주어야 할 책임이 있습니다. 왜냐하면 그리스도인들마저 천국을 보여주지 못하면 이 세상에는 소망이 없기 때문입니다. 그러나 이것이 제대로 되면 세상 사람들은 큰 충격을 받게 됩니다. 세상에서는 그런 것을 본 적이 한 번도 없기 때문입니다. 하워드 스나이더((Howard A. Snyder)는 다음과 같이 말합니다.

"하나님의 나라는 교회가 자라나서 세상으로 확대되어 진정한 그리스도인의 공동체를 나타내는 정도만큼 지상에 임한다."[75]

그렇습니다. 교회가 진정한 그리스도의 사랑을 실천하는 만큼 하나님의 나라가 임합니다. 예수님이 이 땅에 오셨을 때 강조하셨던 것이 바로 하나님 나라입니다. 그런데 이상하게도 예수님은 하나님 나라를 이 땅에 세우지 않고 교회를 세워 놓고 가셨습니다. 부족하고 흠이 많은 교회지만 예수님은 교회를 통해 이 땅에 하나님의 나라를 세우고 확장하기를 원하셨던 것입니다.

그러므로 교회가 제 역할을 감당하여 이 세상 사람들에게 하나님의 나라를 조금이라도 보여줄 수 있다면 그로 인해 하나님이 영광을 받으실 것이며 많은 사람이 천국에 대해 소망을 품을 것입니다. 프란시스 쉐퍼(Francis A. Schaeffer)는 다음과 같이 말하였습니다.

"만일 교회가 본연의 모습이라면, 젊은이들이 거기 있을 것이다. 하지만 그들은 단순히 '거기 있지'만은 않을 것이다. 그들은 뿔 나팔을 불고 높은 소리 나는 제금으로 거기 있을 것이며, 머리에 꽃을 꽂고 춤추며 있을 것이다."[76]

정말 맞는 말입니다. 이렇게 볼 때 교회의 부흥은 무슨 특별한 프로그램을 도입한다던가 어떤 새로운 방법을 시도하는 데 있는 것이 아니라 '교회가 진정 교회다움을 회복하는데' 있다는 것을 알 수가 있습니다. 예수님이 교회 자체를 너무나 영광스럽게 만들어 놓았기 때문에 교회에서 하나님의 영광의 빛이 제대로 비추어진다면 사람들이 반응하지 않을 수가 없기 때문입니다.

교회가 교회다움을 회복하기 위해서는 교회 구성원 한 사람 한 사람이 주님 앞에 바로 서야 합니다. 왜냐하면 나 자신이 바로 교회이기 때문입니다. 그러므로 나의 수준과 나의 성숙도가 내가 몸담은 교회의 수준이고 성숙도가 되는 것입니다. 그래서 다른 그 누구보다 내가 잘해야 합니다. 프란시스 챈(Francis Chan) 목사님은 자신의 책에서 이런 질문을 던집니다.

"만일 온 교인이 나만큼만 헌신한다면 우리 교회는 어떻게 될까? 모든 신자가 더도 말고 덜도 말고 꼭 내가 낸 만큼만 헌금하고, 나만큼만 봉사하고, 나만큼만 기도한다면 우리 교회는 과연 건강하고 활기찬 교회가 될까? 아니면 미약하고 무기력해 질 것인가?"[77]

참으로 도전이 되는 질문입니다. 하나님은 교회를 통해 영혼 구원 사역을 이루시며 구원받은 영혼들을 양육하고 성화시키십니다. 그리고 교회 공동체에 속한 구성원들과의 영적 교제를 통해 서로를 위로하고 격려해서 무사히 천국까지 오게 만드십니다. 그러므로 믿음 생활에 있어서 교회는 그 무엇보다 중요합니다.

그러므로 우리는 교회의 위대함을 믿어야 하고, 교회를 통해 하나님이 하실 놀라운 일들에 대하여 기대해야 하며, 교회의 구성원으로서 맡기신 사명에 최선을 다해야 합니다. 이것이 바로 "거룩한 공회와 성도가 서로 교통하는 것"을 믿는다는 말의 의미입니다.

> "참된 교회는 그리스도를 머리로 하는 지체이다. 하늘 아버지는 예수 그리스도에게 고통당하는 몸만을 갖게 하시지는 않으셨다. 아버지께서는 그리스도로 영광 받게 하시는 또 한 몸을 마련하셨던 것이다." - 핸리에타 미어즈

아프리카에 신이 필요한 이유

2008년 12월 27일, 회의론자인 저널리스트 매튜 패리스(Matthew Parris)가 쓴 한 기사가 『타임스』에 실렸습니다. 기사는 "무신론자인 나는 아프리카에 신이 필요하다고 진심으로 믿는다"라는 제목이었습니다.

그는 그 기사에서 스물네 살에 친구들과 함께 육로로 아프리카 대륙 횡단 여행을 한 경험을 소개합니다. 알제리, 니제르, 나이지리아, 카메룬, 중앙아프리카공화국, 콩고, 르완다, 탄자니아, 케냐를 통과하는 과정에서 밤에 야영할 장소를 찾으면서 매튜와 그의 친구들은 공통으로 나타나는 한 가지를 느꼈다고 합니다. 그는 다음과 같이 말했습니다. "선교사들이 사역한 지역에 들어갈 때마다 … 사람들의 얼굴이 어딘가 다르다는 것을 인정하지 않을 수 없었다." 그는 선교사들이 다녀가고 교회가 세워진 곳에서는 상대적으로 안전감을 더 느꼈다고 고백했습니다.[78]

기독교가 들어가고 교회가 세워지고 성경의 말씀이 실천되는 곳에서는 늘 긍정적인 변화들이 있었습니다. 그러므로 교회는 세상의 소망입니다. 물론 교회가 언제나 완벽했던 것은 아닙니다. 교회가 실수를 저지른 부분이 많이 있는 것도 사실입니다. 그러나 교회가 이 세상을 바꾸어 놓았다는 것은 분명합니다.

지금도 예수 그리스도의 이름으로 수없이 많은 자선과 선행이 이루어지고 있습니다. 우리가 잘 아는 월드비전도 기독교 정신으로 세워졌으며, 적십자사나 구세군도 모두 기독교의 정신을 실천하기 위해 세워진 단체들입니다. 또한, 하버드나 예일, 프린스턴 같은 우수한 교육 기관들도 모두 학생들에게 예수 그리스도에 기초한 학문을 가르치기 위해 세워진 것들입니다.[79] 사실상 미국에서 초창기에 세워진 138개 대학 중 92%가 크리스천들이 세운 것입니다. 예수 그리스도와 그를 따르는 제자들에 의해 세상은 분명히 더 좋아졌습니다.

09

당신은 | 죄 용서를 믿는가?

당신은 죄 용서를 믿는가?

"죄를 사하여 주시는 것과"

I. 인간의 가장 큰 문제

인간에게 사죄의 은총이 필요한 이유는 인간의 문제 가운데 가장 심각한 문제가 '죄 문제'이기 때문입니다. 물론 '죽음의 문제'가 더 심각한 것이라고 생각할 수도 있습니다. 그러나 죄로부터 죽음이 왔기 때문에 죽음의 문제를 해결하려면 먼저 죄의 문제를 해결해야 합니다.

"죄가 무엇일까요?" 이렇게 질문을 하면 사람들은 거짓말하는 것이나 도둑질하는 것이나 살인하는 것과 같은 것이 죄라고 이야기합니다. 물론 맞는 말입니다. 모두 십계명에 나오는 죄입니다. 그러나 엄밀히 말하면 이러한 죄들은 모두 죄의 현상에 속합니다. 죄의 근본적인 뿌리는 이보다 더 깊은 곳에 있습니다. 그것은 바로 인간이 하나님을 떠난 것입니다. 인간이 하나님을 거부함으로 인해 이 모든 죄가 나온 것입니다.

하나님을 거부하는 인간

성경은 모든 인간의 상태를 다음과 같이 정의합니다.

"기록된 바 의인은 없나니 하나도 없으며 깨닫는 자도 없고 하나님을 찾는 자도 없고 다 치우쳐 함께 무익하게 되고 선을 행하는 자는 없나니 하나도 없도다"(롬 3:10-12).

성경은 인간 가운데 의인도 없고, 하나님을 찾는 자도 없고, 선을 행하는 자도 없다고 이야기합니다. 여기에는 예외가 없습니다.

"모든 사람이 죄를 범하였으매 하나님의 영광에 이르지 못하더니"(롬 3:23).

그렇다면 인간은 왜 모두 죄인이 되고 말았을까요? 창세기에 그 이유가 나옵니다. 첫 사람 아담이 하나님의 명령을 거역하고 선악과를 먹었기에 모든 인간이 죄인이 되고 만 것입니다. 이 말을 듣는 분들 가운데 "나는 여기에 해당하지 않는다, 나는 전혀 죄를 짓지 않는 사람이다"라고 자신 있게 말할 사람이 있습니까? 여기에 대해 제라드 C. 윌슨(Jared C. Wilson)은 다음과 같이 말했습니다.

"혹시 자기는 성인이며 절대 죄인이 아니라고 주장하는 사람이 있다면, 그에게 가장 최근에 지은 죄가 무엇인지 물어보라. 만일 없다고 말한다면 그가 가장 최근에 지은 죄는 '거짓말'이다."[80]

다른 사람은 몰라도 내 마음은 나 자신이 가장 잘 압니다. "내 마음은 호수요"라고 하는 노래 가사가 있습니다. 호수가 그냥 보기에는 잔잔하고 평온하고 아름다워 보입니다. 하지만 만약 호숫물을 다 빼낸다면 그 밑바닥에는 무엇이 남아 있을까요? 온갖 찌꺼기와 쓰레기와 잡동사니들이 있을 것입니다. 우리 마음도 마찬가지입니다. 하나님을 떠난 인간의 마음은 온갖 탐욕과 시기와 이기심으로 가득 차 있습니다. 다만 그것을 그럴듯하게 포장하고 다니니까 잘 드러나지 않을 뿐입니다. 그래서 영국의 한 작가는 다음과 같이 말했습니다.

"만약 누군가의 비밀스러운 생각들이 낱낱이 밝혀지게 된다면 누구라도 하루에 열두 번씩 교수형을 받아 마땅할 것이다."[81]

문제는 오늘날 사람들의 마음에 죄의식이 없다는 것입니다. 한 예를 들어보겠습니다. 미국에서 성폭력 용의자인 '하비 테일러'가 2002년 플로리다에서 경찰을 고소했습니다. 이유는 자신을 빨리 체포하지 못했다는 것입니다. 경찰을 피해 도망 다니다가 그는 눈밭에 갇혀 사흘 밤낮을 보내야 했습니다. 그 결과 그는 동상으로 발가락 두 개를 잘라내야 했습니다. 그는 "경찰이 일만 제대로 했어도 내 발가락은 붙어 있었을 것"이

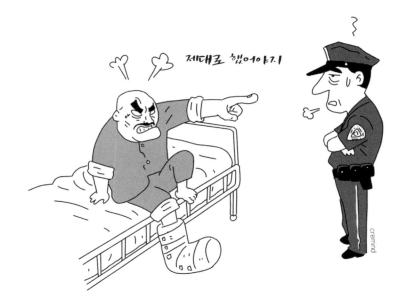

제대로 했어야지!

라고 주장했습니다.[82] 참 기가 막힌 이야기입니다.

　죄는 어떤 면에서는 '폭탄'과 같다기보다는 '암'과 같습니다. 죄의 영향력은 당장 눈에 띄지는 않지만, 죄가 퍼져 들어가면 서서히 모든 것을 파괴합니다. 사실 지금 이 세상을 둘러보아도 분명히 이 세상은 정상이 아님을 누구나 알 수 있습니다. 이 모든 것이 죄의 영향력 때문에 그런 것입니다. 그래서 온 세상이 지금 몸살을 앓고 있는 것입니다.

　일반적으로 죄라고 하면 사람과 사람 사이에 발생하는 것이라고만 생각하기 쉽습니다. 그러나 죄라는 것은 그렇게 간단한 것이 아닙니다. 죄는 사람과의 문제만이 아니라 하나님과의 문제이기도 합니다. 죄의 문제가 해결되지 않은 사람은 마치 하나님께 빚을 지고 있는 것과 같아서 언젠가는 그 빚을 다 갚아야 합니다. 그렉 길버트(Gregory D. Gilbert)는 죄의 심각성을 다음과 같이 이야기했습니다.

"성경에 따르면 죄는 단순히 어떤 일반적이고 자의적인 하늘의 교통법규 위반 이상이다. 그것은 하나님과의 관계를 깨는 것 이상이며, 하나님 자신, 즉 그의 통치, 돌보심, 권위, 그가 생명을 주신 이들에게 명령할 권리를 거부하는 행위다. 요컨대, 그것은 창조주에 대한 피조물의 반역이다."[83]

성경은 죄의 결과를 무엇이라고 이야기합니까?

"죄의 삯은 사망이요"(롬 6:23).

이 말은 우리가 죄 때문에 죽게 될 뿐만, 아니라 죄의 문제를 해결하지 않고 죽으면 영원한 멸망인 지옥으로 갈 수밖에 없다는 것을 말해줍니다. 그러므로 우리는 죽기 전에 반드시 죄의 문제를 해결해야 합니다. 그런데 문제는 이것이 자신의 힘과 노력으로는 되지 않는다는 것입니다. 인간은 태어날 때부터 죄성을 가지고 있기에 아무리 노력해도 거룩하게 산다는 것은 불가능합니다.

왜 안 깨끗해지지?

그러므로 인간이 스스로 거룩해지려고 하는 것은 마치 '연탄'이 스스로를 씻어 깨끗하게 되려고 하는 것과 비슷합니다. 연탄은 씻는다고 깨끗해지지 않습니다. 왜냐하면 속까지 검기 때문입니다.

인간은 연탄과 같이 깊은 속까지 죄로 물들어 있습니다. 아담의 영향으로 원죄를 가지고 태어나서 죄가 자연스럽고, 죄짓는 것을 좋아하게 되어 있습니다. 이것이 우리의 습성입니다.

> "전에는 우리도 다 그 가운데서 우리 육체의 욕심을 따라 지내며 육체와 마음의 원하는 것을 하여 다른 이들과 같이 본질상 진노의 자녀이었더니"(엡 2:3).

인간은 전적으로 부패한 상태에 있으므로 구원을 받기 위해서는 자신의 노력이 아닌 오직 하나님의 은혜와 능력을 의지해야 합니다. 그런데 은혜라는 것은 인간의 머리로는 이해가 안 되는 것이기 때문에 성경 이외의 다른 곳에서는 이러한 개념을 발견할 수가 없습니다.[84] 인간에게 왜 이토록 은혜가 필요한지를 아더 핑크(Arthur Walkington Pink)는 다음과 같이 설명했습니다.

> "사람이 비록 이성의 피조물이라 해도 사리 분별의 명령보다는 욕구의 충동질을 따른다. 죄와 사탄을 전적으로 사랑하는 자는, 그리스도를 섬기겠다는 열망을 품지 않는다. 그리스도 안에서 하나님께로 돌이키는 것은, 부패한 본성의 흐름에 전적으로 상반된다. 따라서 전능한 은혜의 홍수에 압도될 필요가 있다. 강의 흐름이 바다의 조수에 의해 압도되는 것처럼 말이다."[85]

타락한 이후 인간은 영혼 속에 죄의 욕구가 넘쳐 흐르게 되었습니다. 그러므로 이 같은 죄의 압도적인 흐름에 대항하여 돌이키는 것은 불가능합니다. 이는 오로지 홍수처럼 부어 주시는 하나님의 전적인 은혜에 의해서만 가능합니다. 그러므로 구원은 오직 하나님의 은혜로만 이루어지는 것입니다.

II. 기독교가 복음인 이유

사도신경에서는 하나님의 전능하심과 예수님의 십자가와 부활 사건을 믿음으로 고백하고 난 다음에 죄 사함의 고백을 합니다. 그 이유는 우리가 죄 용서받을 수 있는 근거가 바로 예수님의 십자가와 부활 사건으로 인해 주어졌기 때문입니다.

예수님의 십자가 사건은 구약 성경의 맥락에서 이해해야 합니다. 구약 성경에 보면 인간의 죄를 처리하는 방법으로 하나님께서 제물을 바치도록 명령하셨습니다. 그런데 이 제물은 인간의 죄를 완전하게 처리해 주지 못했습니다. 그래서 계속해서 제물을 바쳐야 했습니다. 그런데 성경의 선지자들은 때가 되면 하나님께서 단 한 번의 제사로 인간의 모든 죄를 속해 주실 것이라고 예언했습니다. 또한 그 제사의 제물이 소나 양이 아닌 한 사람이 될 것이라고 예언했습니다. 그분이 바로 어린양이 되어 오신 예수님이십니다. 레온 모리스(Leon Morris)는 다음과 같이 말했습니다.

> "구약 성경은 이스라엘 백성에게 하나님의 용서는 인간의 희생 제사를 통해 얻을 수 있다고 가르쳤지만, 사실 하나님께서는 진정한 용서를 위해 이미 아들의 생명을 준비하고 계셨음을 이해해야 한다."[86]

예수님의 죽음은 우리 인간의 죄를 위한 죽음이라는 것이 이미 구약 성경에도 분명하게 나와 있습니다. 이사야서 말씀을 보겠습니다.

> "그는 실로 우리의 질고를 지고 우리의 슬픔을 당하였거늘 우리는 생각하기를 그는 징벌을 받아 하나님께 맞으며 고난을 당한다 하였노라 그가 찔림

은 우리의 허물 때문이요 그가 상함은 우리의 죄악 때문이라 그가 징계를 받으므로 우리는 평화를 누리고 그가 채찍에 맞으므로 우리는 나음을 받았도다"(사 53:4-5).

이사야는 이 짧은 두 구절에서 '우리'라는 말을 무려 '일곱 번'이나 사용하고 있습니다. 이 말씀에서 '그'는 예수님을 의미합니다. 이사야는 장차 구세주가 와서 우리 때문에 고난을 겪고 찔리고 채찍에 맞고 고통당하실 것이라는 사실을 미리 예언한 것입니다. 하나님의 아들이 인간을 대신해서 이 땅에 와서 죽어 주셨다는 사실이 얼마나 감사한 일입니까?

세상의 모든 종교의 특징은 신 앞에 나오려면 거룩해져야 한다고 말합니다. 자신의 의를 쌓고 공덕을 쌓고 참선을 하고 고행을 해서 뭔가 신 앞에 인정받을 만한 것이 있어야 한다고 이야기합니다.

그러나 기독교는 놀랍게도 그 반대입니다. 뭔가 내세울 것이 없기 때문에, 즉 '내 의'가 전혀 없으므로 하나님이 더욱 필요하다는 것입니다. 그래서 스위스의 정신과 의사 폴 트루니에(Paul Tournier)는 신이 '의인'보다 '불의한 자'를 더 사랑하신다고 말하는 유일한 종교는 기독교라고 말한 적이 있습니다.

그렇습니다. 이것이 바로 은혜입니다. 하나님은 죄인인 우리를 예수 그리스도 안에서 의인으로 인정해 주셨습니다. 예수님이 나를 위해 십자가에서 돌아가신 것을 믿고 받아들이는 사람에게는 '예수님의 의'를 주시겠다고 약속하셨습니다. 로마서 3장 21-22절에 나오는 말씀이 바로 그것입니다.

> "이제는 율법 외에 하나님의 한 의가 나타났으니 율법과 선지자들에게 증거를 받은 것이라 곧 예수 그리스도를 믿음으로 말미암아 모든 믿는 자에게 미치는 하나님의 의니 차별이 없느니라"(롬 3:21-22).

하나님께서 예수님의 십자가를 통해 우리를 의롭다고 인정해 주시는 것을 '칭의'(稱義)라고 합니다. 이 용어는 '의롭다고 일컬어진다'라는 의미로 법정용어입니다. 재판을 받기 위해 재판장 앞에 끌려 나온 사람에게 재판장이 내리는 선고입니다. 우리는 비록 완전하지 않지만 예수 그리스도에 의해 하늘 재판장이신 하나님께 무죄 선고를 받고 율법의 모든 형벌로부터 해방되었다는 선언을 받은 것입니다. 여기에 대해 아더 핑크는 다음과 같이 말합니다.

> "칭의는 피고 측이 율법에 충분히 합치한다는 하나님의 선언이다. 정의가 충족되었기 때문에 피고를 무죄 방면해준다. 따라서 칭의는 법률적인 지위

변화이다. 즉, 하나님 앞에서 죄책을 짊어지고 따라서 율법의 정죄 선언을 받고 영원토록 하나님의 임재로부터 추방될 수밖에 없는 자가 하나님의 은총으로 받아들여지고, 그리스도께서 완전한 속죄에 의해 자기 백성을 위해 획득한 모든 축복에 대한 권리를 받는 자로 지위가 바뀌는 것이다."[87]

　여기서 기억해야 할 것은 칭의는 단지 죄 용서함만을 의미하지는 않는다는 사실입니다. 죄를 용서받으면 지옥을 가지 않게 되지만 천국에 갈 수 있는 것은 아닙니다. 천국에 가려면 하나님 앞에 내세울 의가 있어야 합니다. 그런데 칭의는 우리에게 천국에 들어갈 자격도 부여해 줍니다. 칭의는 예수 그리스도의 십자가로 인한 '죄 용서'뿐만 아니라 예수 그리스도의 순종으로 인한 '의'도 부여해 주기 때문입니다.

　그러므로 그리스도가 나와 자리바꿈을 했다고 보면 정확합니다. 예수님은 나의 죄악을 다 담당하시고 죄 덩어리가 되어 내가 죽어야 할 자리에서 죽임을 당했습니다. 그로 인해 나는 예수 그리스도의 자리에 들어가서 의를 전가 받게 되었습니다. 놀라운 상호교환이 일어난 것입니다. 하나님은 그리스도를 죄인으로 간주해서 대하셨고, 그를 믿는 죄인인 나를 그리스도로 간주하고 대해 주신 것입니다.[88] 이 얼마나 감사한 일입니까? 이렇게 그리스도는 우리를 위해 인간의 죄를 전부 짊어지셨습니다.

　여러분, '환경미화원'을 한번 생각해 보십시오. 이분들이 청소를 안 하고 한 달 정도 파업한다면 어떻게 될까요? 온 동네가 쓰레기 더미에 묻혀 버릴 것입니다. 그런데 청소하시는 분들은 쓰레기가 좋아서 모으는 것일까요? 그렇지 않습니다. 그것이 직업이고 그렇게 해야 동네가 깨끗해지니까 대신 쓰레기를 맡아 처리해 주는 것일 뿐입니다. 하나님도 마찬가지입니다. 하나님은 인간들이 쓰레기보다 더 고약한 죄를 끌어안고 있다가는 영원한 죽음에 이를 것을 아셨습니다. 그래서 죄 문제를 처리하기 위해 예수 그리스도를 보내 주신 것입니다. 예수님은 죄와 아무 상관이 없는 분이신데 우리의 죄를 대신하기 위하여 온갖 죄를 다 뒤집어쓰고 죄 덩어리가 되어 죽어 주셨습니다. 이 얼마나 감사한 일입니까?

그래서 이 놀라운 구원의 기쁜 소식을 기독교에서는 '복음'이라고 부릅니다. 복음은 영어로 'Good News'라고 해서 '좋은 소식', '복된 소식'이라는 뜻입니다. G. K. 체스터턴(Gilbert Keith Chesterton)은 '복음'을 한마디로 정의하기를 "너무나 좋아서 참일 것 같지 않은 소식"이라고 말했습니다.

한번 생각해 보십시오. 무기징역을 선고받고 영원히 감옥에서 썩어져 갈 것으로 생각했던 사람에게 어느 날 누군가가 찾아와서 감옥 문을 열고 "너는 이제 자유의 몸이다"라고 말한다면 그것은 정말 믿기 힘든 참으로 기쁜 소식이 될 것입니다.

또는 사업에 실패하고 파산하여 노숙자로 전전하고 있는 사람에게 누군가가 찾아와서 "당신의 먼 친척이 막대한 유산을 물려주고 죽었다"라고 이야기한다면 이 또한 쉽게 받아들이기 힘든 놀라운 소식이 될 것입니다.

기독교의 복음이란 바로 이런 것이고 그 이상의 것입니다. 죄의 감옥에 갇혀 죽음을 향해 달려가며 결국 하나님과 영원히 단절된 상태로 지옥의 운명을 향해 달려가던 우리에게 예수님께서 찾아오셔서 "너는 이제 나의 피로 자유함을 얻었다"라고 말씀해 주시는 것입니다. 이 얼마나 놀라운 이야기입니까?

또한 막대한 죄의 빚으로 인해 하나님 앞에서 영적으로 파산 선고를 받은 우리에게 예수님께서 찾아오셔서 "하나님의 은혜로 이제 너는 하늘나라의 상속자가 되어 하나님의 모든 부요함을 소유하게 되었다"라고 말씀해 주시는 것입니다. 이 얼마나 감사한 이야기입니까?

그래서 복음은 인간의 상상력을 뛰어넘는 것이고 '너무나 좋아서 도무지 참일 것 같지 않은 소식'인 것입니다. 그런데 이러한 은혜를 누리기 위해서는 신뢰의 대상을 나에게서 예수님께로 옮겨야 합니다. 내가 하나님 앞에서 한 일들로 인해 하나님께 인정받는 것이 아니라, 예수님이 나를 위해 해 주신 일에 근거해서 하나님께 인정받는다는 사실을 알고 믿어야 합니다.

III. 우리의 자세

이러한 놀라운 복을 선물로 받았으니 이제 우리는 어떻게 살아야 할

까요? 이 하나님의 은혜에 대해 평생 감사하는 마음으로 살아야 합니다. 그것이 죄 용서함을 받은 자가 가져야 할 태도입니다. 그렇다면 죄 용서함을 받은 사람은 앞으로 영원히 죄를 짓지 않게 되는 것일까요? 그렇지는 않습니다. 구원받은 그리스도인도 죄를 지을 수는 있습니다. 왜냐하면 구원받았다는 것이 죄가 없고 완전해졌다는 것을 의미하는 것은 아니기 때문입니다.

변증학자 알리스터 맥그래스(Alister Mcgrath)는 이것을 관계적 경험에서 해석해야 한다고 이야기합니다. 구약에서 아브라함이 하나님에게 의롭다고 인정받은 것은 하나님과 언약 관계에 들어갔기 때문이며, 이와 마찬가지로 신약에서의 칭의도 도덕적인 품성이나 덕성을 갖추었다는 의미가 아니라 하나님과 바른 관계 안에 있다고 선언되는 것이라는 것입니다.[89] 그러면서 그는 다음과 같이 말합니다.

"루터는 칭의란 하나님 앞에서 개인의 지위가 변화되는 것이지 근본적으로 본성이 변화되는 것은 아니라고 주장한다. 그러므로 신자는 믿음으로 의로워질지라도 여전히 죄인으로 남아 있다. 신자는 '의롭기도 하고 죄인이기도 한 존재'라는 루터의 유명한 주장은 이런 시각에서 나온 것이다."[90]

네 그렇습니다. 우리는 '의로워진 죄인'입니다. 그러므로 성도는 죄를 지을 수 있는 성향이 남아 있습니다. 하지만 구원받은 성도는 계속해서 죄를 지을 수는 없습니다. 왜냐하면 그 사람의 마음속에 있는 성령님이 그의 마음을 불편하게 하시기 때문입니다. 그리스도인이 오해할 수 있는 성경 구절이 있습니다. 요한일서 말씀입니다.

"하나님께로부터 난 자마다 죄를 짓지 아니하나니 이는 하나님의 씨가 그의 속에 거함이요 그도 범죄하지 못하는 것은 하나님께로부터 났음이라"(요일 3:9).

여기서 사도 요한은 "하나님께로부터 난 자마다 죄를 짓지 아니하나니"라고 이야기합니다. 그래서 이 본문을 잘못 이해하면 그리스도인이지만 죄를 한 번이라도 짓게 되면 자신이 구원받지 못했다고 생각하여 심히 고통스러워할 수 있습니다. 그러나 여기 나오는 동사들은 헬라어의 현재 선행 시제로서 이는 반복적인 행동을 의미합니다. 그래서 이 본문을 정확하게 번역하면 "죄를 짓지 아니하나니"가 아니고 "죄를 계속 짓지 아니하나니"입니다. 그리고 "범죄하지 못하는 것은" 이란 말도 "계속 습관적으로 범죄하지 못하는 것은"으로 이해해야 합니다. 그러므로 이 본문은 그리스도인들은 구원받은 이후에도 가끔 죄를 짓기는 하지만 죄가 그를 주관하지는 못한다는 사실을 말하고 있는 것입니다. 이에 대해 제임스 케네디 목사님은 다음과 같이 설명했습니다.

"이것이 참된 그리스도인은 절대로 죄를 짓지 않는다는 것을 의미하는가? 아니다. 진정한 그리스도인도 이따금씩 죄 속으로 빠져들어 간다. 그러나 죄 속에서 계속 살지는 않는다. 진정한 그리스도인은 죄를 추구하거나, 죄를 즐기거나, 죄를 탐닉하지 않는다. 참된 그리스도인은, 비록 삶의 과정의 일부로 유혹을 경험하지만, 그럼에도 불구하고, 죄를 무서운 것으로, 죄에 의해 십자가에 못 박히신 분에 대한 배반 행위로 여긴다."[91]

비록 우리가 진정으로 거듭났다고 해도 죄성이 남아 있으므로 가끔 죄를 짓는 경우가 있습니다. 그러나 우리 마음속에 '하나님의 씨' 즉 거룩을 열망하는 마음이 있으므로 반복적이고 습관적으로 죄를 즐기고 지을 수는 없는 것입니다. 제임스 케네디 목사님은 이를 돼지와 양의 차이로 설명합니다.

"어떤 사람들은 스스로 그리스도인이라고 하면서도 마치 돼지가 오물 진흙더미에서 뒹굴 듯 죄 속에서 뒹군다. 그들은 자신의 죄를 생각하며 스스로에게 '야, 저 멋진 진흙 반죽 좀 봐!'라고 말한다. 그렇지만 돼지라기보다는 양 같다고 할 수 있는 다른 진실한 그리스도인들이 있다. 양은 때때로 진흙더미에 빠질 수 있다. 그러나 양은 진흙 속에서 뒹굴지 않는다. 최대한 신속하게 일어난다. 그리고 하얀 양털에 묻은 모든 진흙을 다 털어 버릴 때까지 만족하지 않는다."[92]

여러분이나 저나 죄를 지을 수는 있습니다. 그러나 여러분은 죄를 즐기고 있습니까? 아니면 죄를 고통스러워하며 벗어나고자 노력하고 있습니까? 예수님을 믿기 전이나 지금이나 죄인이라는 사실은 변함이 없습니다. 그러나 과거에는 우리가 '죄를 향하여 달려가는 죄인'이었다면 지금은 '죄로부터 멀어져 가고 있는 죄인'인 것입니다.

사도신경에서 '죄 사함의 고백'이 '교회에 대한 고백' 바로 다음에 나오는 것이 의미심장합니다. 교회에 나오라고 하면 이렇게 말하는 사람이 있습니다. "내가 죄가 많아서 못 나가. 나중에 죄를 좀 정리하면 나갈게." 그러나 이것은 순서가 잘못된 것입니다. 죄가 있을수록 더 열심히 교회를 나와야 합니다. 교회에 나와서 열심히 신앙생활 하다가 보면 자연스럽게 죄가 정리되게 되어 있습니다. 이것이 맞는 순서입니다. 그래서 '교회를 믿는다'는 고백 뒤에 '죄 사함을 믿는다'는 고백이 나오는 것입니다.

이 중요한 죄 사함의 원리, 즉 복음을 가르쳐 줄 수 있는 곳이 교회 외에 어디에 있겠습니까? 그러므로 교회는 다른 무엇보다 이 중요한 진리를 열심히 전하고 가르쳐야 합니다. 이것이 교회가 해야 할 가장 중요한 사명입니다.

스펄전 목사님은 '선한 행실로 하늘나라에 들어가려고 하는 것'보다는 '종이배를 타고 대서양을 항해하는 것'이 더 나을 것이라고 이야기했습니다. 그렇습니다. 인간은 스스로의 노력으로는 구원에 이를 수가 없습니다. 그래서 하나님이 놀라운 구원의 방법을 준비해 놓으셨는데 그것이 바로 예수 그리스도를 통한 구원입니다. 기독교는 죄 용서의 종교입니다. 예수 그리스도의 십자가를 통해 우리가 하나님 앞에 죄 문제를 해결하고 받아들여질 수 있는 길을 가르쳐 주는 놀라운 종교입니다. 그러므로 우리는 모두 이 놀라운 은혜와 축복의 복음을 받아들여 구원의 은총을 누리는 사람이 되어야 합니다.

"하나님은 우리가 자랑하는 선에 대해서는 엄격하시지만 자백하는 죄에 대해서는 언제나 따뜻하시다." - 존 트랩

세 개의 못

어떤 목사님이 꿈을 꾸게 되었습니다. 꿈에서 그는 하나님의 심판대 앞에 서게 되었습니다. 그는 그곳에서 자신을 심판하는 하나님의 불꽃 같은 눈을 볼 것으로 생각했습니다. 하지만 이상하게도 그의 꿈에는 거대한 양팔 저울이 있었습니다. 저울의 한쪽에는 천사들이 그가 행한 선행들을 올려놓고 있었습니다. 그리고 다른 쪽에는 마귀가 그가 행한 악한 일들을 쌓아 놓고 있었습니다.

그 목사님은 평소에 선한 일을 많이 한 사람이었지만 천사들이 계속해서 쌓아 놓을 수 있는 선행에는 한계가 있었습니다. 어느 정도 시간이 지나서 이제는 더 이상 올려 놓을 선행이 없다는 사실을 알게 되었을 때 목사님은 등골이 오싹해졌습니다. 그러자 저울은 순식간에 악행을 쌓아 놓은 쪽으로 기울어지기 시작했습니다.

당황한 목사님은 그제야 정신을 차리고 "오 주여! 불쌍히 여기소서!"하고 소리쳤습니다. 그때였습니다. 그는 선행을 올려놓은 쪽에 세 개의 피 묻은 못이 떨어지는 소리를 들었습니다. 그 못들은 그렇게 무거워 보이지는 않았습니다.

그러나 그 못이 저울 위로 떨어지자마자 저울은 선행 쪽으로 기울어졌습니다. 그때부터 마귀가 그 위에 무엇을 올려놓든지 상관없이 저울은 그대로 있었습니다. 이 못들은 예수 그리스도의 손과 발에 박혔던 못이 빠져나온 것이었습니다.

그렇습니다. 우리의 죄가 아무리 크다 하더라도 하나님의 은혜를 능가할 수는 없습니다. 예수 그리스도의 피는 너무나 고귀하고 강력하기에 진심으로 회개하는 자는 그 어떤 죄라도 용서받을 수 있습니다. 그러므로 우리가 할 일은 자신의 죄를 회개하고 십자가 위에서 돌아가신 예수 그리스도를 믿는 것입니다.

10

당신은 | 영생을 믿는가?

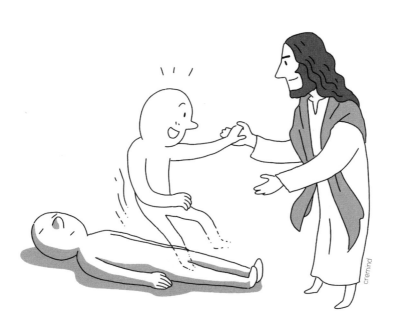

당신은 영생을 믿는가?

"몸이 다시 사는 것과 영원히 사는 것을 믿사옵나이다."

I. 몸의 부활

사도신경의 마지막 신앙고백은 영생에 관한 내용입니다. 그러나 영생에 관해 이야기하기 전에 먼저 이야기해야 할 것은 몸의 부활입니다. 구약성경에 보면 욥이라는 사람이 있습니다. 그는 많은 고난과 어려움을 당한 사람입니다. 욥이 고난 가운데 궁금했던 것 중 하나가 바로 다음과 같은 것이었습니다.

"장정이라도 죽으면 어찌 다시 살리이까"(욥 14:14).

욥은 사람이 죽고 난 뒤에 다시 살 수 있는지 정말 궁금했습니다. 왜냐하면 그냥 죽는 것으로 끝난다면 자신의 고난은 너무나 허무한 것이 되기 때문입니다. 여러분은 죽음 이후에 부활과 영원한 삶이 있음을 믿습니까? 만약 우리가 죽고 난 뒤에 부활에 대한 보장이 없다면 인생에는 전혀 소망이 없습니다. 다람쥐 쳇바퀴 돌아가듯이 지나가는 이 세상에서 부활이 없다면 인생에는 허무밖에 남지 않습니다.

예수님은 분명히 다음과 같이 약속하셨습니다.

"나를 보내신 이의 뜻은 내게 주신 자 중에 내가 하나도 잃어버리지 아니하고 마지막 날에 다시 살리는 이것이니라"(요 6:39).

예수님은 자신을 믿는 사람을 마지막 날에 다시 살리겠다고 약속하셨습니다. 예수님이 주신 이러한 부활의 약속은 우리 인생이 살만한 가치가 있다는 것을 보여줍니다. 그리고 인생의 궁극적인 종착역은 죽음이 아니고 천국이라는 것을 보여줍니다. 예수 그리스도께서 다시 사셨기 때문에 우리는 다시 살 것을 확신할 수 있습니다.

"예수를 죽은 자 가운데서 살리신 이의 영이 너희 안에 거하시면 그리스도 예수를 죽은 자 가운데서 살리신 이가 너희 안에 거하시는 그의 영으로 말미암아 너희 죽을 몸도 살리시리라"(롬 8:11).

예수 그리스도를 죽음 가운데서 일으키신 성령께서 우리도 죽음 가운데서 일으켜서 영원한 생명을 얻게 해 주실 것이라고 성경은 약속하고 있습니다. 사람이 가지고 있는 내세관은 그의 삶 전체에 큰 영향을 미칩니다. 내일이 있다고 믿는 사람과 내일이 없다고 믿는 사람에게는 큰 차이가 있습니다.

사람이 태어나서 한번 죽고 그다음에는 아무것도 없다고 생각하게 되면 결국 두 가지 중의 하나로 이끌려 가게 되어 있습니다. 허무주의 아니면 쾌락주의입니다.

예술, 철학, 사상도 사실 하나로 묶어보면 다 허무주의입니다. 하나님 없이 인생에 대한 질문을 계속 던지다 보면 결국 인생의 목적이 없으므로 허무주의로 결론이 날 수밖에 없습니다. 그래서 철학자들이 보면 우울한 경우가 많습니다.

또 하나는 쾌락주의입니다. 이것은 골치 아프니까 그냥 잊고 살자고 하는 태도입니다. 어차피 고민해 보았자 답이 없으니까 그냥 마시고 즐기며 흘러가는 대로 살자고 하는 것입니다. 오늘날 이런 태도로 살아가는 사람들이 참 많습니다. 바울 당시에도 이런 사람들이 많았습니다.

"죽은 자가 다시 살아나지 못한다면 내일 죽을 터이니 먹고 마시자 하리라"(고전 15:32).

죽음이 인생의 끝이라고 생각하는 사람에게 있을 수 있는 생의 철학이 바로 먹고 마시며 즐기자고 하는 쾌락주의라는 것입니다. 그래서 바울이 부활을 그토록 강조한 것입니다. 우리의 인생이 그런 허무주의나 쾌락주의로 흘러가지 않도록 바울은 몸의 부활이 있다는 사실을 분명하게 강조한 것입니다. 파스칼은 부활을 부정하는 사람들을 향해 다음과 같이 말했습니다.

"무슨 이유로 그들은 부활이 있을 수 없다고 말하는가? 태어나는 것과 부활하는 것, 일찍이 없었던 것이 생기는 것과 있던 것이 되살아나는 것 중 어느 것이 더 어렵겠는가?"[93]

그렇습니다. 하나님이 이 세상을 직접 만드셨습니다. 아무것도 없는 상태에서 이 모든 것을 다 만드셨습니다. 만약 이러한 하나님의 천지창조를 인정하면 부활을 믿는 것은 그리 어렵지 않습니다. 무(無)에서 이 모든 것을 다 만드셨는데, 이미 한번 존재했던 것을 다시 새롭게 하는 것이 무엇이 어렵겠습니까? 다음은 사도 바울이 마지막 때 일어날 일을 미리 적어 놓은 것입니다.

"보라 내가 너희에게 비밀을 말하노니 우리가 다 잠 잘 것이 아니요 마지막 나팔에 순식간에 홀연히 다 변화되리니 나팔 소리가 나매 죽은 자들이 썩지 아니할 것으로 다시 살아나고 우리도 변화되리라 이 썩을 것이 반드시 썩지 아니할 것을 입겠고 이 죽을 것이 죽지 아니함을 입으리로다"(고전 15:51-53).

놀라운 이야기입니다. 예수님이 다시 재림하는 순간 하나님의 나팔 소리가 들리면서 죽은 자들이 무덤에서 살아나올 것입니다. 그리고 그때까지 죽지 않았던 사람들은 순간적으로 변화될 것입니다.

여러분은 이 사실이 믿어지십니까? 안 믿어지는 사람이 있을 줄 알고 하나님께서는 미리 본보기도 보여주셨습니다. 성경에 보면 예수님이 돌아가실 때 어떤 일이 일어났습니까?

"예수께서 다시 크게 소리 지르시고 영혼이 떠나시니라 이에 성소 휘장이 위로부터 아래까지 찢어져 둘이 되고 땅이 진동하며 바위가 터지고 무덤들이 열리며 자던 성도의 몸이 많이 일어나되 예수의 부활 후에 그들이 무덤에서 나와서 거룩한 성에 들어가 많은 사람에게 보이니라"(마 27:50-53).

그렇습니다. 예수님이 돌아가시는 순간에 무덤이 열리며 성도들이 살아 나와서 예루살렘 성에 들어가서 사람들에게 자신의 몸을 보여주었습니다. 그러므로 예수 그리스도 안에서 죽는 사람은 무덤에서 썩어가며 잊혀지는 존재가 아니라 마지막 영광의 부활을 기다리며 누워 있는 것이라는 사실을 알아야 합니다.

이는 마치 도토리가 참나무가 되기 위해 심겨져서 기다리고 있는 것과 비슷합니다. 맥스 루케이도(Max Lucado)의 책에 보면 그의 친구가 경험한 이야기가 나옵니다. 친구는 초등학교 1학년인 막내 아들과 함께 어떤 친척분의 장례식에 참석하게 되었습니다. 마침 막내 아들은 학교에서 씨 뿌리는 것에 대해 배우고 있었습니다. 그 아이가 공동묘지를 지날 때 이렇게 외쳤습니다. "와, 엄마! 저기 사람들을 심은 곳이네!"[94]

바울은 실제로 우리의 죽음과 부활을 씨앗을 심는 것에 비유했습니다.

"누가 묻기를 죽은 자들이 어떻게 다시 살아나며 어떠한 몸으로 오느냐 하리니 어리석은 자여 네가 뿌리는 씨가 죽지 않으면 살아나지 못하겠고 또 네가 뿌리는 것은 장래의 형체를 뿌리는 것이 아니요 다만 밀이나 다른 것의 알맹이 뿐이로되 하나님이 그 뜻대로 그에게 형체를 주시되 각 종자에게 그 형체를 주시느니라"(고전 15:35-38).

사람이 죽어 묻히고 난 뒤 부활하게 되면 지금과는 전혀 다른 몸을 소유하게 됩니다. 물론 원래의 개성이나 인격은 사라지지 않고 유지될 것입니다. 그러나 현재의 모습과는 전혀 다른 차원의 몸을 가지게 될 것입니다. 예수님이 부활하신 후에도 여전히 예수님이었지만 시간과 공간을 초월하는 몸을 가지신 것과 비슷합니다. 그러므로 사람이 죽어 묻히는 것은 썩어지기 위해 묻히는 것도 되지만 동시에 새롭게 변화되기 위해 심어지는 것도 됩니다. 다음은 부활한 뒤에 새롭게 변화될 우리의 모습입니다.

> "죽은 자의 부활도 그와 같으니 썩을 것으로 심고 썩지 아니할 것으로 다시 살아나며 욕된 것으로 심고 영광스러운 것으로 다시 살아나며 약한 것으로 심고 강한 것으로 다시 살아나며 육의 몸으로 심고 신령한 몸으로 다시 살아나나니 육의 몸이 있은즉 또 영의 몸도 있느니라"(고전 15:42-44).

여기서 부활의 몸은 죽을 몸과 대조가 됩니다. 하나는 '썩을 것'이고 다른 하나는 '썩지 않을 것'입니다. 하나는 '욕된 것'이고 다른 하나는 '영광스러운 것'입니다. 하나는 '약한 것'이고 다른 하나는 '강한 것'입니다. 하나는 '육의 몸'이고 다른 하나는 '신령한 몸'입니다.

아이고 허리야

여러분, 이 땅에서 몸을 가지고 사는 것은 참 힘든 일입니다. 다치기도 하고 아프기도 합니다. 특히 나이가 들면 이곳저곳이 삐걱거리기 시작합니다. 아무리 건강한 사람도 세월의 흐름을 거스를 수는 없습니다. 그런 면에서 이 땅의 육체는 욕된 것입니다. 연약한 것이고 썩어 없어지는 것입니다.

그러나 부활 이후에 우리의 몸은 그렇지 않을 것입니다. 부활하신 예수님의 몸은 얼마나 영광스러웠습니까? 채찍질 당한 등의 상처도, 가시관으로 찢긴 얼굴의 상처도 다 사라졌습니다. 다만 손의 못 자국은 성도들이 천국에서도 주님의 사랑을 기억하도록 남겨 두신 것 같습니다. 그 외에는 모든 것이 신령스럽고 영광스러운 몸으로 변했습니다. 그러면서도 제자들과 함께 식사도 하는 신비스러운 몸이 되었습니다.

이처럼 우리도 언젠가 한 번은 육신의 죽음을 경험하겠지만 주님 안에서 이전의 몸과는 비교가 되지 않는 놀랍고 영광스러운 몸을 얻게 될 것입니다. 그러므로 그리스도인에게 죽음은 더 크고 영원한 생명을 향해 나아가는 과정에 불과한 것입니다. 이것이 바로 예수님을 믿는 사람들의 특권입니다. 그래서 그리스도인은 이제 죽음을 두려워할 필요가 없습니다. 성경은 예수님이 이 땅에 오신 것은 죽음의 문제를 해결하기 위해서라는 사실을 분명히 합니다.

> "자녀들은 혈과 육에 속하였으매 그도 또한 같은 모양으로 혈과 육을 함께 지니심은 죽음을 통하여 죽음의 세력을 잡은 자 곧 마귀를 멸하시며 또 죽기를 무서워하므로 한평생 매여 종 노릇 하는 모든 자들을 놓아 주려 하심이니"(히 2:14-15).

인간은 죽음을 가장 두려워합니다. 그래서 죽음에 매여 종노릇합니다. 그러나 예수 그리스도 안에 있는 사람은 죽음의 공포를 극복할 수 있습니다. 그 이유는 주님이 죽음의 순간에도 함께 하시고 죽음 저편의 세계로 우리를 인도해 주실 것을 믿기 때문입니다. 이를 알게 된 존 번연(John Bunyan)은 다음과 같이 자신 있게 외쳤습니다.

"죽음이 다가올 때 오도록 내버려 두라. 그것은 그리스도인에게 아무런 해도 끼칠 수 없다. 죽음은 곧 감옥을 떠나 궁전으로 가는 것이다. 고통의 바다에서 안식처로, 수많은 대적이 있는 곳에서 셀 수 없이 많은 참되고 사랑스러우며 신실한 친구들이 있는 곳으로 가는 것이다. 수치와 비난, 경멸로부터 말할 수 없이 위대하며 영원한 영광 속으로 들어가는 것이다."[95]

II. 영생의 약속

예수님은 우리가 몸의 부활과 함께 '영생'을 누리게 된다고 약속하셨습니다. 이 말은 우리가 단지 죽음에서 살아나는 것만이 아니라 주님과 함께 천국에서 영원히 살게 된다는 말입니다.

"내 아버지의 뜻은 아들을 보고 믿는 자마다 영생을 얻는 이것이니 마지막 날에 내가 이를 다시 살리리라 하시니라"(요 6:40).

하나님의 아들이신 예수님을 믿는 자마다 영생을 얻게 됩니다. C. S. 루이스는 다음과 같이 말했습니다.

"이 세상에서는 결코 만족시킬 수 없는 갈망이 내 안에 있다면 그것은 내가 다른 세상을 위해 지어졌기 때문이라고 보는 것이 가장 타당하다."[96]

그렇습니다. 우리는 왠지 이 세상의 것만으로는 만족하지 못합니다. 뭔가 그것을 넘어서는 또 다른 것이 있음을 직감적으로 느낍니다. 아무리 많은 돈과 명예와 쾌락을 소유해도 그것으로 인생의 진정한 행복을 찾을 수는 없습니다. 하나님은 우리 마음에 영원한 삶에 대한 갈망을 넣어 주셨습니다. 그래서 이 짧은 생으로 만족할 수 없고 영원한 생명을 갈구하는 것입니다. 이에 대해 성경은 다음과 같이 말합니다.

"하나님이 모든 것을 지으시되 때를 따라 아름답게 하셨고 또 사람들에게는 영원을 사모하는 마음을 주셨느니라"(전 3:11).

하나님이 영원에 대한 갈망을 주셨습니다. 그래서 우리는 이 세상의 모든 것을 다 소유하더라도 하나님을 만나기 전까지는 진정한 만족이 없는 것입니다. 어떤 사람은 영생에 관해서 이야기하면 천국 가서 영원히 살면 그 자체로 너무 지루하지 않겠느냐고 말합니다. 실제로 20세기 영국의 유명한 천문학자인 프레드 호일과 무신론 철학자인 버트런드 러셀 같은 사람은 천국에서 영원한 삶이 있다고 생각하면 두렵다고 이야기했습니다. 그 이유는 너무나 지루할 것이기 때문이라는 것입니다.[97]

그러나 이것은 영생에 대한 오해에서 비롯된 것입니다. 영생은 시간의 정지나 시간의 무한한 연장이 아니라 시간의 초월입니다. 영생은 이 세상 시간의 관념을 뛰어넘어 영원하고 무한하신 하나님의 시간에 들어가는 것입니다. 그러므로 영생을 '생명의 길이'보다는 '생명의 질'이라는 관점에서 생각하는 것이 중요합니다. 예수님은 영생의 정의를 다음과 같이 했습니다.

"영생은 곧 유일하신 참 하나님과 그가 보내신 자 예수 그리스도를 아는 것이니이다"(요 17:3).

어떻게 하나님과 예수님을 아는 것이 영생의 조건이 될 수 있을까요? 성경에서 '안다'라고 하는 표현은 누군가를 인식한다는 그런 정도의 의미로 쓰이지 않습니다. 여기서 앎은 절대적으로 친밀한 관계를 의미합니다. 남편이 아내를 알고 아내가 남편을 아는 그런 관계입니다.

그러므로 영생은 그저 생명이 오래 연장되는 것이 아니고 하나님과 새롭고도 깊은 친밀한 관계로 들어가는 것입니다.

그러므로 성경이 말하는 영생은 영원히 지속되는 '하나님과의 깊고 깊은 사귐이고 교제'입니다. 그래서 하나님을 영원토록 즐거워하고 그분 안에서 말할 수 없는 기쁨으로 기뻐하는 삶을 누리는 것입니다. 그래서 제임스 패커는 사도신경이 '영생' 즉 '영원히 사는 것'이라고 말할 때, 그것이 의미하는 것은 단지 영원히 존재하는 것이 아니라는 것을 강조합니다. 귀신이나 잃어버린 영혼도 영원히 존재하기 때문입니다. 그는 말하기를 영생이라는 것은 예수께서 다다르고, 그분을 따르는 자들도 언젠가는 함께 누리리라고 그분이 약속하고 기도하신 최후의 기쁨을 의미한다고 말합니다.[98] 예수님은 다음과 같이 기도하셨습니다.

"아버지여 내게 주신 자도 나 있는 곳에 나와 함께 있어 아버지께서 창세 전부터 나를 사랑하시므로 내게 주신 나의 영광을 그들로 보게 하시기를 원하옵나이다"(요 17:24).

천국의 영광은 엄청납니다. 예수님은 우리가 그 영광을 함께 누리기를 원하십니다. 영생을 얻게 된 사람은 바로 이 주님의 영광과 영원한 생명의 충만함 속에 들어가게 되는 것입니다. 하나님은 절대 지루해지지 않는 분입니다. 마음에 드는 이성과 데이트를 해도 시간 가는 줄 모르는데 온 우주보다 더 놀랍고 위대하신 하나님과 한없는 사랑으로 교제하는데 어찌 지루함이 느껴지겠습니까.

III. 영원을 사모하는 인생

우리는 짧은 지금의 인생으로 만족하면 안 되고 영원을 사모하는 사람이 되어야 합니다. 일찍이 전도서 기자인 솔로몬이 이 땅의 모든 것은 결국 허무하고 헛되다고 이야기했듯이 이 땅에 모든 소망을 두면 언젠가는 크게 실망하게 됩니다.

조니 밀러는 가장 이름난 프로골프대회의 하나인 유에스오픈에서 우승한 지 불과 며칠 만에 이런 말을 했습니다. "이건가? 정말 이게 다인가?"[99] 이것이 어찌 그만이 하는 고백이겠습니까? 인생에서 뭔가를 미친 듯이 갈구하고 성취해본 사람은 그것이 결국 궁극적인 만족을 주지 못한다는 사실을 깨닫게 됩니다. 그러므로 이 세상의 삶이 주는 한계를 빨리 깨닫는 사람이 지혜로운 사람입니다. 사실상 이 땅에서의 삶은 잠깐입니다. 그러므로 중요한 것은 그다음의 삶입니다. 우리는 짧은 이 세상을 살면서 천국에서 영원히 살 진짜 삶을 준비해야 합니다.

몇 년 전에 저는 아이들과 함께 서초구에 있는 예술의 전당을 방문한 적이 있습니다. 당시 막내 아이가 다니던 발레 학원 총무님께서 콘서트 입장권을 몇 장 구해 주셔서 그곳에 갔는데 표가 넉넉하지 않아서 저는 아이들만 들여보내고 콘서트가 끝날 때까지 바깥에 있는 광장에서 기다리고 있었습니다. 그런데 한참을 앉아서 바깥바람을 쐬고 있는데 갑자기 놀라운 일이 벌어졌습니다.

바깥에 있는 분수에서 음악과 함께 물줄기의 공연이 시작된 것입니다. 알고 보니 여름 한 철 동안 예술의 전당 콘서트홀 옆의 광장에서 음악 분수 공연이 있는 것입니다. 그런데 그 광경이 너무나 아름다웠습니다. 온갖 아름다운 클래식과 팝송, 그리고 감미로운 샹송이 번갈아 가며 웅장하게 흘러나오는 가운데 물줄기가 아름답게 춤을 추었습니다.

제가 미국에 있을 때도 놀이공원에 가서 음악 분수를 본 적이 있었지만, 그때보다 더 아름다운 것 같았습니다. 아마도 너무 무덥지 않은 7월의 한여름 밤의 정취와 함께 어우러져 더 멋있게 느껴졌는지도 모릅니다. 어쨌든 그 순간 무료하게 앉아서 아이들을 기다리던 저에게 생각지도 못하게 주어진 분수 쇼는 그 자체로 하나의 멋진 선물 같이 느껴졌습니다. 그렇게 한참을 아름다운 분위기에 도취해 있었는데 그곳에 있던 어떤 사람이 갑자기 비눗방울을 불었습니다.

음악 분수는 좀 멀리 떨어져 있었고 비눗방울은 가까이 있었기에, 아름다운 분수를 배경으로 수없이 많은 비눗방울이 불빛에 반짝이면서 흩어지는 모습을 보는 것 또한 아주 운치가 있었습니다. 그런데 비눗방울을 자세히 보다가 보니 큰 아쉬움이 느껴졌습니다. 그것은 비눗방울의 생명이 너무나 짧다는 사실 때문이었습니다. 아무리 크고 아름다운 비눗방울도 불과 몇 초만 머물다가 사라지고 말았습니다. 그때 문득 저에게 이런 생각이 들었습니다.

"우리 인생도 저런 것이 아닐까? 저마다의 아름다움과 반짝임을 뽐내지만 결국은 어느 한순간 덧없이 사라지는 비눗방울과 같은 것이 우리 인생이 아닐까?"

이렇게 생각하니 갑자기 인생이 너무나 허무하게 느껴지는 것이었습니다. 그런데 그 순간 하나님께서 제 마음속에 이렇게 말씀하시는 것이 느껴졌습니다.

"그렇다. 너희들의 인생은 비눗방울과 같이 허무하고 덧없는 것이다. 그러나 비눗방울 뒤에 있는 저 화려하고 아름다운 분수를 보아라. 저 분수는 천국의 축제를 상징한다. 비록 너희들의 인생이 그 자체로는 잠깐 보이다가 사라지는 것이지만, 너희들이 예수 그리스도를 믿고 영생을 소유한다면 너희들은 천국의 축제에 참여하여 영원토록 행복하고 즐거운 삶을 누리게 될 것이다."

천국의 축제

그렇게 말씀하시는 것이 느껴졌습니다. 그런 생각이 드니까 제가 주님을 알게 된 사실이 얼마나 기쁘고 감사하던지요. 이 땅에서의 삶이 끝이 아니라 천국의 영원한 기쁨이 저를 기다리고 있다는 사실을 생각하니 너무나 행복했습니다.

여러분, 우리가 영생이 있다는 것을 알게 되면 이 땅에서 삶의 우선순위를 재조정해야 합니다. 이 땅에서의 시간은 '하나님이 우리에게 영원이라는 시간 동안 얼마나 많은 것을 맡길 수 있는지를 테스트하는 기간'입니다. 그러므로 우리는 모두 영원의 빛 아래에서 현재를 살아야 합니다. 짧고 영원하지 못한 이 세상에 인생을 전부 투자하지 말고, 영원히 남는 일에 인생을 바쳐야 합니다. 하나님이 주신 재능과 능력과 시간을 가지고 주님의 일에 어떻게 쓰임 받을지를 고민하는 인생이 되어야 합니다. 그것이 이 땅에서의 삶을 낭비하지 않고 영원을 가장 확실하게 준비하는 방법입니다.

"나는 모든 것을 그것이 영원에서 어떤 값어치가 있을 것인가에 대한 기준으로만 평가한다." - 존 웨슬리

Mr. Eternity

여러분은 아서 스테이스(Arthur Stace)라는 사람을 아십니까? 그는 호주의 전설적인 전도자로서 별명이 'Mr. Eternity'(영원 씨)였습니다. 아서는 1885년 2월 9일 레드펀(Redfern)의 슬럼가에서 태어났습니다. 부모는 둘 다 알코올 중독자였고 그의 형제들도 모두 알코올 중독자였습니다. 스테이스는 술 취한 아버지로부터 종종 매질을 당하였으며 정규교육도 받아보지 못했습니다. 그 결과 그 역시 알코올 중독자가 되었고 15살에는 감옥에 간 적도 있습니다.

얼마 후 제1차 세계대전이 발발하자 그는 자원입대했습니다. 그리고 1919년 군에서 돌아왔지만 쉽게 사회에 적응할 수가 없었고, 결국 다시 옛날의 주정뱅이 생활로 돌아가게 되었습니다. 그러다가 1930년 8월 6일 그는 무료 식사를 받기 위하여 브로드웨이 성 바나바(St. Barnabas) 교회에 참석했다가 인생의 결정적인 변화를 경험하게 됩니다. 말씀을 듣는 중에 자신이 죄인이라는 사실을 깨닫게 되어 예수 그리스도를 구세주로 영접하게 된 것입니다.

그리고 2년 후 아서는 달링허스트의 버튼 스트리트에 있는 '장막 침례교회'에서 '존 리들리'(John Ridley) 목사의 설교를 듣게 되었습니다. 그날 리들리 목사는 이사야 57장 15절의 말씀을 의지하여 '영원의 울림'(The Echoes of Eternity)이라는 제목으로 말씀을 선포하였습니다.

그런데 설교 도중에 리들리 목사는 갑자기 다음과 같이 큰 소리로 외치기 시작했습니다. "영원. 영원, 나는 이 말씀을 시드니 거리의 모든 사람에게 외치기를 원합니다. 당신은 어떻습니까, 영원을 어디에서 보내실 것입니까?" 그날 리들리 목사의 설교는 아서의 삶을 바꾸어 놓았습니다.

예배를 마친 후에도 '영원'이라는 단어는 그의 머릿속에 계속 울려 퍼졌습니다. 마침내 아서는 울음을 터뜨렸으며 그 순간 하나님께서 그에게 그 단어를 쓰라고 강권하시는 것을 느꼈습니다. 마침 그의 주머니에는 분필이 한 조각 있었기에 그는 그 자리에 쭈그리고 앉아 '영원'(eternity)이란 단어를 쓰기 시작했습니다.

그는 나중에 다음과 같이 말했습니다. "참 이상한 것은 나는 이름도 잘 쓰지 못했습니다. 교육을 받지 않아서 영원이란 스펠링을 잘 몰랐습니다. 그런데 놀랍게도 아름다운 서체로 'eternity'를 쓰게 되었습니다. 아직도 어떻게 그런 일이 일어났는지 이해할 수가 없습니다."[100]

그날 이후 35년 동안 그의 삶은 일정했습니다. 그는 매일 새벽 4시에 일어났습니다. 그리고 한 시간 정도 기도하고 아침을 먹었습니다. 그러고 나서 그는 집을 나서 시드니 거리로 나갔습니다. 그리고 눈에 잘 띄는 곳마다 분필로 영원이라는 단어를 적고 오전 10시경 집에 돌아왔습니다.

아서는 1932년에서 1967년까지 무려 35년 동안이나 하루에 50개 이상 'eternity' 라는 단어를 시드니의 길과 벽에 썼습니다. 그가 평생 쓴 'eternity'라는 단어는 총 50만 번이 넘는다고 합니다.

1956년까지 사람들은 시드니 거리에 '영원'이라는 단어를 적는 사람이 누구인지 알지 못했습니다. 그 전날까지는 없다가 하룻밤 사이에 생기는 글씨가 주는 신비함 때문에 사람들 사이에는 하나님이 쓰신 글씨가 아니냐는 말도 나왔습니다.

그러다가 어느 날 그의 모습이 노출되게 되었습니다. 하지만 사람들이 그를 체포하지는 않았습니다. 그는 건강이 허락하는 한 꾸준하게 이 일을 계속했고, 결국 1967년 7월 30일 주일 저녁, 하몬드빌 요양원에서 뇌출혈로 하나님의 부름을 받았습니다.

아서가 남긴 영원의 메시지는 이후 호주 사람들에게 많은 감동을 주었습니다. 그리하여 1999년 12월 31일 새천년을 맞이하는 불꽃놀이를 할 때 사람들은 'eternity' 라는 단어를 그가 쓴 필체 그대로 크게 만들어서 하버 브리지 위에 걸어 놓기도 했습니다.

아서 스테이스는 가난한 환경에서 태어나 정식교육을 받지 못했습니다. 그의 어린 시절은 알코올 중독으로 얼룩져 있었습니다. 하지만 그가 예수 그리스도를 만나고 사명을 발견하자 그의 인생은 달라졌습니다.

그는 평생 시드니 사람들에게 '영원'이라는 한마디를 하고 갔습니다. 이는 참으로 짧은 메시지였지만 그의 진심이 담겨 있었기에 시드니의 모든 사람의 마음을 울리기에 충분했습니다. 여러분은 어떻습니까? 하나님 안에서 영원을 맞이할 준비가 되었습니까?

나가는 말

많은 사람들이 인생의 답을 찾습니다. 그러나 대부분의 사람들은 인생의 근본 문제에 대해서는 답이 없다고 생각합니다. 그래서 이에 대한 답을 찾기 위해 진심으로 노력하는 사람이 별로 없습니다. 그러나 그렇지 않습니다. 인생에는 분명히 답이 있습니다.

그런데 그 답은 그저 열심히 노력한다고 얻어지는 것이 아니라 누군가가 가르쳐 주어야 합니다. 그것도 나와 차원이 다른 존재가 와서 가르쳐 주어야 합니다. 왜냐하면 이 땅의 시공간에 매인 우리는 탄생과 죽음에 대한 비밀을 스스로는 풀 수가 없기 때문입니다.

하나님은 이 놀라운 인생의 비밀에 대한 답을 주시기 위해 성경을 주셨고, 예수 그리스도를 이 땅에 보내셨습니다. 그러므로 성경을 제대로 알고 예수님을 제대로 알면 인생의 문제에 대한 답을 발견할 수가 있습니다.

저는 대학 시절 인생에 대한 많은 고민과 방황 끝에 기독교가 인생의 답이 될 수 있다는 사실을 알게 되어 그리스도인이 되었고 목사가 되었습니다. 그리고 더 많은 사람에게 이 진리를 전하고 싶어서 『기독교를 알아야 인생의 답이 보인다』라는 책을 저술하였습니다.

이제 15년이 지나 하나님의 은혜로 『기독교를 알아야 인생의 답이 보인다 2』를 내놓게 되었습니다. 여러 가지로 부족한 점이 많지만 이 책도 여러분들이 많이 사랑해 주시고 복음의 진리를 전파하는 데 사용해 주시면 감사하겠습니다.

기독교의 진리는 어떠한 방법으로라도 더욱 많은 사람에게 전파되어야 합니다. 왜냐하면, 기독교의 복음 안에 진정으로 우리 인생의 모든 문제에 대한 답이 있기 때문입니다. 그래서 저는 얼마 전부터 이 책의 제목을 따서 〈기독답 TV〉라는 이름으로 유튜브도 운영하고 있습니다. 이제는 영상 시대이기 때문에 책과 함께 영상으로 복음을 변증하는 일도 대단히 중요하다는 생각에 힘들지만 꾸준히 영상을 올리고 있습니다.

제가 이렇게 하는 이유는 '가능한 모든 수단과 방법을 동원하여 최대한 많은 사람들에게 예수 그리스도를 전하는 것'이 저의 인생의 비전이고 목표이기 때문입니다.

제가 힘들게 알게 된 인생의 답을 이렇게 여러분과 함께 나눌 수 있게 되어서 무척 기쁩니다. 제 책이 인생의 참된 진리를 찾고자 하는 분들에게 작게나마 이정표가 될 수 있기를 간절히 바랍니다. 저에게 친히 진리를 보여 주시고 지금 이 자리까지 인도해 주신 하나님께 진심으로 감사드립니다.

"기독교 신앙은
창문에 거룩한 그림이 그려진
거대한 성당과 같다.
밖에 서 있으면 어떤 영광도 볼 수 없다.
하지만 안에 서 있으면
모든 빛의 줄기들이 말할 수 없이
조화로운 관계를 나타낸다."

- 나다니엘 호손 -

미주

1) 그렉 쿠클, 『기독교는 왜』, 홍종락 역, (복있는사람, 2018), p.81.

2) 에릭 메택시스, 존 폴킹혼 외 9명, 『도시의 소크라테스』, 박명준 역, (새물결플러스, 2015), p.467.

3) 켈리 먼로 컬버그, 라엘 에링턴 『믿음과 문화의 대화』, 전성현 역, (요단출판사, 2012), p.208.

4) 에드거 앤드류스, 『신을 탐하다』, 홍종락 역, (복있는사람, 2012), p.179.

5) 버트란트 러셀, 『나는 왜 기독교인이 아닌가』, 이재황 역, (범우사, 1996), pp.20-21.

6) 노먼 가이슬러, 프랭크 튜렉, 『진리의 기독교』, 박규태 역, (좋은씨앗, 2009), pp.175-176.

7) 에드거 앤드류스, 『신을 탐하다』, 홍종락 역, (복있는사람, 2012), p.31.

8) 토마스 아퀴나스, 『토마스 아퀴나스 사도신경 강해설교』, 손은실 역, (새물결플러스, 2015), p.79.

9) 한국창조과학회 엮음, 『30가지 테마로 본 창조과학』, (생명의말씀사, 2010), p.89.

10) 제임스 패커, 『사도신경』, 김진웅 역, (아바서원, 2012), pp.41-42.

11) R. C. 스프롤, 『정말 그렇게 믿습니까』, 박이경 역, (좋은씨앗, 2000), p.15.

12) 제임스 러셀, 『원소 주기율표』, 고은주 역, (키출판사, 2019), p.5.

13) 이미하, 『멘델레예프가 들려주는 주기율표 이야기』, (자음과 모음, 2010), p.71.

14) 이미하, 『멘델레예프가 들려주는 주기율표 이야기』, (자음과 모음, 2010), p.73.

15) 이미하, 『멘델레예프가 들려주는 주기율표 이야기』, (자음과 모음, 2010), pp.74-75.

16) Gary R. Habermas, *The Historical Jesus: Ancient Evidence for the Life of Christ*, (Joplin: College Press Publishing Company, 2000), p.189.

17) R. C. 스프롤, 『정말 그렇게 믿습니까』, 박이경 역, (좋은씨앗, 2000), p.112.

18) 제임스 패커, 『사도신경』, 김진웅 역, (아바서원, 2012), p.64.

19) 조쉬 맥도웰, 돈 스튜어트, 『기독교 변증I』, (순출판사, 1993), p.61.

20) Lee Strobel, *The Case for Christ*, (Grand Rapids, Mich.: Zondervan, 2000), p.131.

21) J. I. Packer, *Knowing God*, (Downers Grove, IL.:InterVarsity Press 1973), pp.63-64.

22) 윌리엄 A. 뎀스키, 마이클 L. 리코나, 『기독교를 위한 변론』, 박찬호 역, (새물결플러스, 2016), pp.366-367.

23) Oswald Chambers, *Living Quotations*, (New York, Harper & Row, 1974), No. 1709.

24) 톰 라이트외 15명, 『세상이 묻고 진리가 답하다』, 최효은 역, (IVP, 2011), p.79.

25) 박성규, 『사도신경이 알고 싶다』, (넥서스, 2019), p.58.

26) 제임스 케네디, 『명쾌하게 풀리는 성경속의 미스터리』, 차동재 역, (아가페출판사, 2001), p.99.

27) C. S. 루이스, 『기적: 예비적 연구』, 이종태 역, (홍성사, 2008), p.15.

28) 에릭 메탁사스, 『미러클』, 나명화 역, (상상북스, 2016), p.26.

29) C. S. 루이스, 『기적: 예비적 연구』, 이종태 역, (홍성사, 2008), p.281.

30) C. S. 루이스, 『기적: 예비적 연구』, 이종태 역, (홍성사, 2008), p.269.

31) C. S. 루이스, 『기적: 예비적 연구』, 이종태 역, (홍성사, 2008), p.269.

32) 박철수, 『파스칼의 팡세』, (대장간, 2011), p.54.

33) 제임스 케네디, 『명쾌하게 풀리는 성경속의 미스터리』, 차동재 역, (아가페출판사, 2001), pp.100-101.

34) 레이 프리차드, 『내가 믿사오며』, 박세혁 역, (사랑플러스, 2007), p.115.

35) Alister McGrath, I Believe, (Downers Grove, Ill.: InterVarsity Press, 1998), p.55.

36) 임덕규, 『로마법과 그리스도의 십자가』, (기독교문서선교회, 2013), p.6.

37) R. C. 스프롤, 『정말 그렇게 믿습니까』, 박이경 역, (좋은씨앗, 2000), pp.140-142.

38) R. C. 스프롤, 『정말 그렇게 믿습니까』, 박이경 역, (좋은씨앗, 2000), pp.143-144.

39) Stephen Charnock, The Existence and Attributes of God, in The Works of Stephen Charnock, (1864:repr., Edinburgh: Banner of Truth, 2010), 2:211.

40) 마이클 호튼, 『사도신경의 렌즈를 통해서 보는 기독교 핵심』, 윤석인 역, (부흥과개혁사, 2005), p.138.

41) Stephen Charnock, The Existence and Attributes of God, in The Works of Stephen Charnock, (1864:repr., Edinburgh: Banner of Truth, 2010), 2:322-323.

42) 필립 라이큰, 『십자가의 복음』, 이대은 역, (생명의말씀사, 2016), p.68.

43) 존 맥아더, 『가장 고상한 지식 예수 그리스도』, 전의우 역, (두란노, 2010), p.93.

44) 마이클 호튼, 『사도신경의 렌즈를 통해서 보는 기독교 핵심』, 윤석인 역, (부흥과개혁사, 2005), p.139.

45) 마이클 그린, 『텅빈 십자가』, 안지영 역, (서로사랑, 2007), p.146.

46) 에릭 메탁사스, 『미러클』, 나명화 역, (상상북스, 2016), p.144.

47) 에릭 메탁사스, 『미러클』, 나명화 역, (상상북스, 2016), p.145.

48) 임덕규, 『로마법과 그리스도의 십자가』, (기독교문서선교회, 2013), pp.80-84.

49) 김영봉, 『나는 왜 믿는가』, (복있는 사람), 2019, pp.46-49.

50) 팀 켈러, 『살아있는 신』, 권기대 역, (베가북스, 2010), p.299.

51) 리 스트로벨, 『예수 사건』, 윤관희 역, (두란노, 2000), p.317.

52) 제라드 크리스핀, 『부활-개봉되지 않은 선물』, 김귀탁 역, (부흥과개혁사, 2008), p.86.

53) 제라드 크리스핀, 『부활-개봉되지 않은 선물』, 김귀탁 역, (부흥과개혁사, 2008), p.206.

54) 싱클레어 B. 퍼거슨, 데릭 W. H. 토마스, 『익투스』, 구지원 역, (생명의말씀사, 2016), p.185.

55) D. A. 카슨, 팀 켈러, 『복음이 핵심이다』, 최efa한 역, (아가페북스, 2014), p.108.

56) 레이 프리차드, 『내가 믿사오며』, 박세혁 역, (사랑플러스, 2007), p.218.

57) 폴 리틀, 『고상한 지식』, 차명호 역, (미션월드, 2007), pp.249-250.

58) 찰스 콜슨, 해럴드 피케트, 『교회 다니는 십대, 이것이 궁금하다』, 홍종락 역, (홍성사, 2006), p.68.

59) 어윈 루처, 『왕이 오신다』, 김진선 역, (토기장이, 2013), p.16.

60) R. C. 스프롤, 『성령의 신비』, 김진우 역, (생명의말씀사, 1995), p.20.

61) 프랜시스 챈, 『잊혀진 하나님』, 이영자 역, (미션월드, 2012), p.18.

62) R. A. 토레이, 『성령론』, (대한기독교서회, 1989), p.41.

63) 토니 애반스, 『성령이 내게 임하시면』, 정현 역, (디모데, 2005), p.105.

64) 토니 애반스, 『성령이 내게 임하시면』, 정현 역, (디모데, 2005), p.106.

65) J. 로버트 클린턴, 리차드 W. 클린턴, 『당신의 은사를 개발하라』, 황의정 역, (베다니, 2005), pp.165-166.

66) 하워드 스나이더, 『그리스도의 공동체』, (생명의말씀사, 1987), p.76.

67) 박영돈, 『일그러진 성령의 얼굴』, (IVP, 2010), pp.57-58.

68) Dan Phillips, *The World-Tilting Gospel*, (Grand Rapids: Kregel, 2011), pp.272-273.

69) 제임스 패커, 『사도신경』, 김진웅 역, (아바서원, 2012), p.114.

70) R. C. 스프로울, 『모든 사람을 위한 신학』, 조계광 역, (생명의말씀사, 2015), p.306.

71) D. A. 카슨, 팀 켈러, 『복음이 핵심이다』, 최요한 역, (아가페북스, 2014), p.247.

72) 필립 얀시, 『놀라운 하나님의 은혜』, 윤종석 역, (IVP, 1999), p.16.

73) J. I. Packer, *Concise Theology: A Guide to Historic Christian Beliefs*, (Carol Stream. Ill.: Tyndale, 2001), p.194.

74) 게러스 아이스노글, 『왜 소그룹으로 모여야 하는가』, 안영권 외 역, (도서출판옥토, 1997), p.445.

75) 하워드 스나이더, 『그리스도의 공동체』, (생명의말씀사, 1987), p.87.

76) Francis A. Schaeffer, *The Church at the End of Twentieth Century*, (Downers Grove, IL: InterVarsity Press, 1970), p.107.

77) 프랜시스 챈, 『잊혀진 하나님』, 이영자 역, (미션월드, 2012), p.109.

78) 에드거 앤드루스, 『신을 탐하다』, 홍종락 역, (복있는사람, 2012), p.345.

79) 로버트 제프리스, 『예수 말고 다른 길은 없다』, 정성묵 역, (생명의말씀사, 2016), pp.106-107.

80) 제라드 C. 윌슨, 『복음에 눈뜨다』, 안정임 역, (예수전도단, 2013), p.224.

81) 레이 프리차드, 『내가 믿사오며』, 박세혁 역, (사랑플러스, 2007), p.282.

82) LG 경제연구원, 『2010 대한민국 트렌드』, (한국경제신문, 2005), p.144.

83) 그렉 길버트, 『복음이란 무엇인가』, 김수미 역, (부흥과개혁사, 2010), p.72.

84) 아더 핑크, 『전적부패』, 임원주 역, (가나다, 2006), p.342.

85) 아더 핑크, 『전적부패』, 임원주 역, (가나다, 2006), p.356.

86) Leon Morris, *Atonement* (NBD), p.108.

87) 아더 핑크, 『이신칭의』, 임원주 역, (누가, 2013), p.23.

88) 아더 핑크, 『이신칭의』, 임원주 역, (누가, 2013), p.80.

89) 알리스터 맥그레스, 『이신칭의』, 김성웅 역, (생명의말씀사, 2015), p.32.

90) 알리스터 맥그레스, 『이신칭의』, 김성웅 역, (생명의말씀사, 2015), p.72.

91) 제임스 케네디, 『명쾌하게 풀리는 성경속의 미스터리』, 차동재 역, (아가페출판사, 2001), p.40.

92) 제임스 케네디, 『명쾌하게 풀리는 성경속의 미스터리』, 차동재 역, (아가페출판사, 2001), pp.40-41.

93) 박철수, 『파스칼의 팡세』, (대장간, 2011), p.178.

94) 맥스 루케이도, 『소망 있는 기다림』, 채대광 역, (좋은씨앗, 2006), pp.68-69.

95) 레이 프리차드, 『내가 믿사오며』, 박세혁 역, (사랑플러스, 2007), p.294.

96) C. S. 루이스, 『순전한 기독교』, 이종태, 장경철 역, (홍성사, 2005), p.120.

97) 제임스 패커, 『사도신경』, 김진웅 역, (아바서원, 2012), p.133.

98) 제임스 패커, 『사도신경』, 김진웅 역, (아바서원, 2012), p.134.

99) 게리 토마스, 『거룩이 능력이다』, 윤종석 역, (CUP, 2012), p.197.

100) christianreview.com.au/4298

기독교를 알아야 인생의 **답**이 보인다

명쾌·상쾌·통쾌한 신개념 기독교 변증서!
이보다 더 쉽게 기독교를 설명할 수는 없다!

저 자 : 라원기
가 격 : 11,000원
출판사 : 예영커뮤니케이션

기독교에 대하여 궁금한 분들에게 정확한 답을 제시해 드립니다!

1장 사람에게 종교가 필요한가?
2장 성경은 과연 하나님의 책인가?
3장 인간은 스스로를 구원할 수 있는가?
4장 지옥은 정말 있는가?
5장 천국은 정말 있는가?
6장 예수 그리스도는 진정 구세주인가?
7장 예수 그리스도의 부활은 사실인가?
8장 예수 그리스도는 유일한 구원자인가?